उस्मान ख़ान

उस्मान ख़ान का जन्म 12 जुलाई, 198[illegible] को मध्य प्रदेश के रतलाम जिले में हुआ। उन्होंने शासकीय स्नातकोत्तर कला एवं विज्ञान महाविद्यालय, रतलाम से स्नातक (जीव-विज्ञान) और स्नातकोत्तर (हिन्दी-साहित्य) किया। जवाहरलाल नेहरू विश्वविद्यालय, नई दिल्ली से एम.फ़िल. और पी-एच.डी. की उपाधि प्राप्त की। पाँच वर्ष मध्य प्रदेश के महाविद्यालयों में बतौर अतिथि-विद्वान अध्यापन किया। पिछले कुछ वर्षों से बरखेड़ी (रतलाम) में खेती और पशुपालन। इस बीच कुछ संस्थानों—नीपा (दिल्ली), अज़ीम प्रेमजी फ़ाउंडेशन (भोपाल) के लिए नियमित तौर पर अंग्रेज़ी से हिन्दी में अनुवाद कार्य।

'आलोचना', 'वाक्', 'पहल', 'हंस', 'पक्षधर', 'सदानीरा', 'समयान्तर', 'हिन्दवी' तथा 'समालोचन' आदि पत्रिकाओं और ब्लॉगों में कविताएँ, कहानियाँ और लेख प्रकाशित हैं। 'पक्षधर' पत्रिका में प्रकाशित कहानी 'टूटन' के लिए उन्हें 'विजयमोहन सिंह कथा-स्मृति सम्मान' से सम्मानित किया गया है।

ई-मेल : usmanjnu@gmail.com

इच्छाओं के जीवाश्म

उस्मान ख़ान

लोकभारती पेपरबैक्स

लोकभारती पेपरबैक्स में
पहला संस्करण : 2025

लोकभारती पेपरबैक्स : उत्कृष्ट साहित्य के जनसुलभ संस्करण

लोकभारती प्रकाशन
पहली मंजिल, दरबारी बिल्डिंग, महात्मा गांधी मार्ग
प्रयागराज-211 001
द्वारा प्रकाशित

शाख़ाएँ : 1-बी, नेताजी सुभाष मार्ग, दरियागंज, नई दिल्ली-110 002
अशोक राजपथ, साइंस कॉलेज के सामने, पटना-800 006
1, अनमोल सोराबजी सन्तुक लेन, धोबी तलाव, मरीन लाइंस, मुम्बई-400 002
वेबसाइट : www.lokbhartiprakashan.com
ई-मेल : info@lokbhartiprakashan.com

विकास कम्प्यूटर एंड प्रिंटर्स
ट्रॉनिका सिटी-201 102
द्वारा मुद्रित

मूल्य : ₹250

ICHCHAON KE JIVASHM
Poems by Usman Khan

ISBN : 978-93-49180-95-6

'जामे काम कि कामे जाम'
(जन्म में कर्म है कि कर्म में जन्म है)

—नरह

साथियों के लिए

क्रम

एक

दो

तीन

चार

एक

तलाश

एक आवारा लड़का,
पॉर्न देखने में लगा,
अपने कारवाँ से बिछड़ गया।

उसने देखे—शहर, रंगीनियाँ,
खूँख़ारपन, बदहवासियाँ,
दिल बहलाव और उदासियाँ।

दिल-दर-दिल डूबता हुआ,
ख़ून बहता हुआ, सूखता कुआँ,
घर जलते, उठता धुआँ।

शान्त, क्लान्त, भ्रान्त—एक मजमा,
मृत्यु के इस प्रान्त—जनमा,
उलट-पलट, चक्रान्त, चकमा।

तलाश-ए-कारवाँ करता रहा,
शहर-दर-शहर भटकता रहा,
भटकता रहा, भटकता रहा...

कभी एक सिफ़र

एक परेशानी, कभी एक सिफ़र,
एक सूरत दिल की, कभी एक।
मक्खियाँ, तिलचट्टे, नमी एक,
ना फूल, ना पंछी, ना नदी एक।
यहीं जीता हूँ, यहीं मरूँगा,
यहीं जीएगा, फिर कोई एक।

क्या है रंज?

क्या है रंज
ओ दिल-ए-संग
रोज़ जाते हो दरियागंज।

लटके हैं तोता-मैना-मेमने,
रंग-बिरंगे,
चुप, चहकते।
रिक्शा रुकते-चलते।
झूलते झोलों में जूते-चप्पल-चश्मे।
आईने-अक़्स-आईने।

क्या है रंज!

काग़ज़-कलम-दवातें।
मन्दिर-गिरजा-गुरुद्वारे-मस्जिदें।
जलेबियाँ-पराँठे।
दीवारों में ठुकी हुई कीलें।
मोमबत्तियाँ, बल्ब, कन्दीलें।
साँप, चूहे, मच्छर, तिलचट्टे।
गलियों पर गलियाँ मुड़ती हुईं

मोहल्लों के साथ लगे मोहल्ले।
सब कुछ वैसा ही तो!

फिर क्या है रंज!

पीक, पानी, पतीले, प्लेटें
अड्डे, ठठ्ठे, कहकहे
जलती-बुझती सिगरेटें
उठती-गिरती लटें।
टैम्पो, टैक्सी, रेलें।
ठंड, गर्मी, बरसातें,
सब कुछ वही तो!
वही ख़ुदा, वही पंडे
वही हथकंडे।
वही चाकू और गुब्बारे,
सारंगियाँ-तबले। गुंडे।
वही हातिमताई। वही ख़तरे।
वही राँझे। वही हीरें। वही क़िस्से।
वही दुश्मनी। वही रंजिशें।
वही तंज़। वही रंज।

फिर रोज़ क्यों जाते हो दरियागंज!

आधी रात

देखता है अधमुँदी आँख,
बूढ़ा बगुता—
समन्दर में डूब चुकी आधी रात,

आधी रात में हमारे हाथ
मापते हैं तलवे
और होंठों के उभार

आधी रात में चाँदनी का गुच्छा
खोज लेता है एक साही
आधी रात सपना देखता है
उज्जैन का सिपाही
क्षिप्रा के किनारे से एक गुफा...
जिसके दरवाज़े दजला किनारे खुलते हैं
आधी रात गुफाओं में—
सपने, रंगों में घुलते हैं...
चिराग़-दर-चिराग़ घिसते हुए,
अब भी बग़दाद में लोग मिलते हैं।

अब भी दिल्ली में लोग कहते हैं
शहर और सूरज सबको नहीं मिलते एक साथ,

इस शहर की छाती में आधी रात
गुमी खजूरें कसमसाती हैं

क्या खेजड़े सिर्फ़ राजा-रानियों के प्यार की देंगे गवाही
क्या नहीं देखता फटी बिवाई,
बादलों की ओट-बेओट, चाँद एक-तिहाई।

मरीज़ का नाम

चाहता हूँ
किसी शाम तुम्हें गले लगाकर ख़ूब रोना
लेकिन मेरे सपनों में भी वो दिन नहीं ढलता
जिसके आख़िरी सिरे पर तुमसे गले मिलने की शाम रखी है

सुनता हूँ
कि एक नये कवि को भी तुमसे इश्क़ है
मैं उससे इश्क़ करने लगा हूँ

मेरे सारे दुःस्वप्नों के बयान तुम्हारे पास हैं
और तुम्हारे सारे आत्मालाप मैंने टेप किए हैं

मैं साइकेट्रिस्ट की तरफ़ देखता हूँ
वो तुम्हारी तरफ़
और तुम मेरी तरफ़
और हम तीनों भूल जाते हैं—मरीज़ का नाम

अतिशयोक्तिपूर्ण

मेरे पास
मँगतों-सी सड़क पर परेशान करती
अर्धविक्षिप्तों की कथाओं
और दु:स्वप्नों के विश्लेषणपरक लेखों के अलावा
कुछ नहीं है—मेरे गाथाकार
तुम मेरे इश्क़ का क़िस्सा सुनाते आए हो,
तुम मेरे इश्क़ का क़िस्सा, अब, कैसे सुनाओगे!
कैसे सुनाओगे उस रात की हाय-हाय,
जब मेरे मेहबूब की उँगली, पिरामिड के
उस तिकोने पत्थर ने कुचल दी थी।

चाँद का हाला तड़क गया था।

मेरे इश्क़ के क़िस्से में,
क्या शाही हँसी का बयान नहीं होगा—अतिशयोक्तिपूर्ण!

पर्यायवाची नहीं

कुछ चीज़ें आती हैं एक साथ
जैसे कोई कहे—प्यार
तो किनारे पड़ी एक नाव में उतरी शाम और
जंगली फूलों का गुच्छा तोहफ़े में
उदास रतजगों के मोड़ पर
अकेला खड़ा नीम

जैसे कोई कहे—घर
तो सिलाई मशीन की घड़-घड़
डम्मर लगे तीर
दाँत काटे सिक्के
रोज़गार कार्यालय के सामने खड़ा खजेला कुत्ता एक

जैसे कोई कहे—देश
तो श्मशान में एक इमली का पेड़
जिस्म से जान खेंचता चाँद
घर लौटी औरतें
और घर नहीं लौटी औरतें
खाली आँतों के सपने
और इसके अलावा भी बहुत कुछ

एक साथ कौंधता है बहुत कुछ
हालाँकि,
पर्यायवाची नहीं!

दो

बिना किसी अल्पविराम के

साँस लेनेवाले
और ना लेनेवाले
सारे थे
बीच से जिनके
घसीटकर
कोई ले गया था तुम्हें :
शब्द से ठंडे सुकूत की यात्रा पर

हर रात बुझते थे तारे
अजन्मे को सुनाती थी तुम
चक्रव्यूह तोड़ने के तरीक़े
शहर में घूमते थे हत्यारे

तुम चाहती थी,
बारिश कहो
बारिश हो!
बिना किसी अल्पविराम के

तुम्हारी अकाल चुप के पहले
एक चीख थी,

की नोक पर जन्म से पहले
रा देश था,
बारिश होनी थी...

बेचैनी

मैं किसी का साथ नहीं चाहता
इस सघन सन्नाटे में
फाँसी के फन्दे की तरह
सब कुछ की समाप्ति के बाद
देर तक झूलते रहना चाहता हूँ
अपने में, अपने से, अपने लिए
निराकार इस अँधेरे में

मेरी सारी सुनवाइयाँ टलती जा रही हैं
मैं कभी अस्पताल में होता हूँ
कभी मेरी साइकिल पंचर हो जाती है
कभी सब्ज़ी बनने में देर हो जाती है
मुझपे जुर्माने ठोंक दिए जाते हैं
मेरी अनुपस्थिति में, मेरे नाम पर
पेन की निब तोड़ दी जाती है
(मेरे चेहरे पर स्याही पुत जाती है)

तुम्हें याद है
एक बार
जब सुबह ख़ूबसूरत थी
हम भूल आए थे
अपने पैरों के निशान

समन्दर ने उन्हें सहेज रखा है
आओ कभी, तो ले आएँ
मेरा उसका तो मनमुटाव है

मैं पूछना चाहता हूँ
क्या तुम अब भी
फागुन में उदास हो जाते हो
और शाम के डूबने में
टूटे पीले पत्तों पर
गीत लिखते हो

पर, तुम तो
कोई बात ही नहीं करते अब
दीवारों और सड़कों के अलावा
दीवारें—जिनमें से तुम कारतूस निकालते हो
और सड़कें—जहाँ तुम ख़ून सना रिबन लिए भटकते हो

मैं लौटता हूँ (बाहर)
और चैन नहीं पाता
और फिर लौटता हूँ (भीतर)
और अधिक बेचैन हो जाता हूँ

ना तुम आते हो,
ना मौत आती है,
सिर्फ़ मैं आता हूँ
बार-बार
इस सघन सन्नाटे में
लटके रहने के लिए
इस अँधेरे में निराकार

रोटी की जगह

दिमाग़ घुमा, मुट्ठी तनी, आग लगी,
हड्डियाँ सिमटीं, गुर्राई चुप्पी, तबाही मची,
सिसकती शाम सहमी, क्योंकि, रोटी नहीं थी।

बुर्ज़ पर, दालान में, चौराहे पर चाँदनी
बिखरी हुई, निखरी हुई उदासी ही
जैसे लगी, बेदिली, क्योंकि, रोटी नहीं थी।

क्यों नहीं थी रोटी?
सब चुप थे, और हैरान
सब जानते थे, और चुप थे
और हैरान, सब जानते थे।

एक चक्र था रोटी की जगह
एक चक्र में सब थे
माँ-बाप-बहन-भाई-बच्चे
ख़रीद-फरोख़्त, हत्याएँ, दंगे
जश्न, मातम, नेता, गुंडे
रोटी की जगह, सब थे,
रोटी नहीं थी, सब थे, रोटी की जगह।

राजनीति

हमें ज़रूरत है ऐसी पतलूनों की
जो जेलों में भी काम आ सकें और सड़कों पर भी,
हमें ज़रूरत है ऐसे चश्मों की
जिनसे दूर जाते बसन्त के साथ
दिख सकें पास आते हत्यारे भी,
हमें ज़रूरत है ऐसे जूतों की
जिन्हें पहनकर पानत भी की जा सके
और ज़ुल्म की मुख़ालफ़त भी,
हमें ज़रूरत है ऐसी घड़ियों की
जिनमें अतीत की व्यथाओं और भविष्य की आशंकाओं के साथ
चलती हो तत्काल की जद्दोजहद भी।

हम जिनकी पतलूनों की सीवनें उधड़ी हैं।
हम जिनके लिए बसन्त भी हत्याओं की कड़ी है।
हम जिनके पैरों में बिवाइयाँ पड़ी हैं।
हम जिनके लिए जद्दोजहद हर घड़ी है।

हमें बाज़ारों की नहीं, साथियों की ज़रूरत है
कि कसमसाते हैं सामानों तले अलगाव हमारे
हमें पूँजी की नहीं, प्यार की ज़रूरत है
कि अपना जिस्म महसूस कर सकें हम

हमें मालिकों की नहीं, कलाकारों की ज़रूरत है
कि टीसती हैं अनकही पीड़ाएँ हमारी
हमें विज्ञापनों की नहीं, आत्म-ज्ञापनों की ज़रूरत है
कि खाली आँतें ज़िन्दगी का बोझ नहीं उठा सकतीं
हमें परमाणु बमों की नहीं, पतलूनों की
चश्मों की, जूतों की, घड़ियों की ज़रूरत है
कि ज़िन्दगी को भरपूर जीना चाहते हैं हम।

बात की बात

मैं क़बूल करता हूँ, मैंने शुतुरमुर्गों की फौज छोड़ दी है,
मैंने अपनी ही मूर्ति ढहाई है।
मैं क़बूल करता हूँ, ये कविता मैंने नहीं लिखी है,
मैंने बीरबल की खिचड़ी पकाई है
बादशाह को अक़्ल की शक़्ल दिखाने के लिए।

मैं क़बूल करता हूँ, पर उपदेशकों से नफ़रत है मुझे
मैंने ये पगडंडी ख़ुद बनाई है।
मैं क़बूल करता हूँ, दिल की दुनिया देखी है मैंने,
जहाँ मेरा नाम हातिमताई है,
ज़िन्दगी के अनसुने ख़तरे उठाने के लिए।

मैं क़बूल करता हूँ, दूसरी आकाशगंगाओं में भी रहते हैं मेरे दोस्त,
मैंने मौत को मारने की कसम खाई है।
मैं क़बूल करता हूँ, शेख़चिल्ली का बयान एकदम सही है,
मैंने ही गैलिलियो की दूरबीन चुराई है
अपने मेहबूब को, चाँद, ज़रा पास से, दिखाने के लिए।

चुप किसी का साथ नहीं देती

चीखने और ना चीखने के बीच कसमसाती
कितनी सुबहें
चुप के कप में भर गई हैं

चाकुओं और आँतों के बीच तिलमिलाती
कितनी दोपहरें
चुप के जूतों में गुज़र गई हैं

धमाकों और चिथड़ों के बीच गूँजती
कितनी शामें
चुप के जाम में उतर गई हैं

भूख और दुःख के बीच सुबकती
कितनी रातें
चुप के घरों में मर गई हैं

साल-दर-साल जमते गए हैं
चुप बनती गई है धूर्तता,
भय से भारी भूल नहीं कोई
अमरता से महान मूर्खता।

एक चीख से ज़िन्दगी शुरू होती है
फ़र्क़ ज़ाहिर होता है, शरीर का,
चुप किसी का साथ नहीं देती
ना पैर का, ना सिर का।

नामली

[रतलाम (म.प्र.) का एक गाँव]

मैं हरे जल पे तैरती बबूल की पत्तियों और पीले फूलों से पूछता हूँ
बीते वक़्त के साये कभी लौटते हैं यहाँ ?
और शान्त जल में धुँधलाती बबूल की परछाईं
मेरी आँखों में देर तक ठहरी रहती है
अडोल...

मैं काँच के टूटे गिलास में भर गए गँदले पानी
और उसके पास सरकते कनखजूरे की चाल में
अपनी आँखों को उलझा देना चाहता हूँ।

क्षितिज से क्षितिज तक बबूल फैला देता है
अपनी काली खुरदुरी छाल
जिसमें मकोड़े भटकते हैं परेशान
जैसे दिमाग़ में
किसी नज़्म की टूटी कड़ी कोई।

कोई आता नहीं लौटकर
ना सड़क पर भागती काली छोटी छतरी,
ना कॉपी के पहले पन्ने पर बेढंगी लिखाई में लिखा अपना नाम,

ना छिले हुए घुटने
और फैल जाती है दृष्टि-सीमा में एक साँवली शून्यता

ऐसे में भीगी कोलतारी सड़क से घर लौटते हुए
शैवालों, केंचुओं और गिद्धों की स्मृतियाँ बहती हैं हवा में
ऐसे में सड़ी हुई पत्तियाँ और टूटी हुई निंबोलियाँ
हर डबरे में सितारे-सी निकल आती हैं
ऐसे में मेरी आँखों की तलई में छटपटाता है चाँद का पीला सन्नाटा
और रेंगते हैं उस पर और उसके चारों ओर धूसर बादल
और ऐसे में मेरी साँसों में बैठा अकेला मैं
रातरानी की उदास महक से खीझ जाता हूँ।

और ऐसे में एक पनीला दर्द चारों ओर ठहर जाता है,
जिसमें मैं अकेला डूबता उबरता हूँ...

जहाँ मेरी नींद महका करती

भीगी मस्जिद की मीनार पर
नीम की पत्तियों की परछाईं ओढ़े बैठे
कबूतर दो
करते गुफ़्तगू
और देवरे से उठती मंजीरों की ध्वनि में
डूबते-डूबते शाम डूब जाती
खुरदुरी आवाज़ों में लहराते भजनों के साथ
इमली की सबसे ऊँची शाख़ पर
उतर आता गोधूलि बेला की आँत चोंच में दबाए गिद्ध एक
आँगन में एक चित्ती मार दी जाती पीट-पीटकर
आइस-पाइस की हुल्लड़ में चमकने लगते जुगनू
और गाँव को घेरे खड़े सन्नाटे पर
अँधेरा पुत जाता
एक चिमनी जलती
ढोरों के बँधने में
और दब जाती अंगारों तले बाटियाँ
चूल्हे की गर्माहट में बातों का रस घुलता रहता
घर में एक पुरानी तस्वीर फफूँदाती
और मैं याद नहीं कर पाता
उसमें डूबते आदमी से अपना रिश्ता

चिमनी की रोशनी के दायरे में
घूमते सियार और ऊँट और शेर कहानियों में
प्रेत-बला-भूत-वली-बाबा
झाँकते अँधेरे की सरहदों से
और कट जाती मीरादातार की नाड़की
और बिना नाड़की का बदन घोड़े पर बैठा दौड़ता देर तलक
आधी नीली आधी सफ़ेद दीवारों पर
खिलते काँच की चूड़ियों के फूलों के घेरे में
लहराते, ज्यों-ज्यों चिमनी की लपक
और एक बीड़ी ख़तम हो जाती
व धुएँ की आख़िरी लट उजाले की सीमा पर खेलती
रात भर पड़-पड़ा-पड़ गिरती बूँदे पतरों पर
जैसे कोई दौड़ता हो घोड़ा अथक

दूर काले ढेपों की दरारों में खो जाते
टूट-टूटकर गिरते ढेर सारे तारे
सुबह अलसाई आँखों में उलझी ओस तारों-सी लगती
नानी की कहानी की रातरानी
नींद में देर तक महका करती

चिमनी कब बुझती
पता नहीं चलता कभी
जैसे नानी का जागना
चूल्हे का जलना
धुएँ का तेज़-तेज़ भागना
और खो जाना, चाय पता चलती
या मसली मक्का की रोटी कभी

या बकरी का दूध या टोस
और हमेशा पता चलता रहता होना नानी का

सबके बाद, सबके पहले की तरह
रह जाते दो खुरदुरे हाथ ठोस—
मेरे गालों और सर और पीठ पर थपकियों की कड़ी में
उन शान्त आँखों में चिलकते परीदेश में, बारिश की झड़ी में।
जीवन-जगत की अचरजभरी, अधभुली, उस बारहखड़ी में—
हड़ियल, वो फ़िरदौस...
जहाँ मेरी नींद महका करती।

क़तई राजनैतिक

मैं देखता हूँ
अपने देश के गली-कूचों की बदरंग दीवारें
जिनकी परछाइयाँ
ईथर की गन्ध में लिपटी सड़ती हैं
अँधेरे कोने में फ़ाइलों तले खाती हैं चूहों की लेंड़ियाँ
मवाद की तरह हर जगह से निकाली जाती हैं
और आकाश, धरती, दृश्य सारे और सारी वस्तुएँ
एक स्याह भभके में डूब जाते हैं
और मैं इन्हें कर लेता हूँ नोट
फ़ोटो खींच लेता हूँ इनके कभी।

अपने तहख़ानों में सिगरेट पीते हुए
सरकार की मुख़ालफ़त करने का शग़ल
अपने पाले में नहीं रक्खा है मैंने।
राजा को खाल दी जा सकती है, अपनी आत्मा नहीं
(अनलहक़! अनलहक़!! अनलहक़!!!)
मैंने रख दिया है अपना नाम वहाँ
जहाँ नज़रें हैं गिद्धों की।

मेरी आँखों में घुसी पड़ी हैं, एक-दूसरे में झाँकती वो आँखें
एक अँधेरी चीख के बाद की अँधेरी चुप्पी उगी थी जिनमें

मेरे मस्तिष्क रन्ध्रों पर बार-बार पड़ते हैं छटपटाते दो पैर
अपने निर्दोष होने की गवाही देते
क्रूरता के दौर की गवाही देते।

मेरे देश का उदास चेहरा
नाज़ी यातना-शिविरों पर झुकी किसी चुप शाम की तरह
मेरी मज्जा में करता है टंकित यातनाओं का उपन्यास

होता यह है कि
साँसों की सीमा के पार हो जाता है दर्द
अस्पताली गन्ध में लिथड़े घड़ी के काँटे
मुर्दा रात को राख करते हैं एवम्
बदबूदार कम्बल की ओट में धीमे-धीमे
कोई हो जाता है ख़-त-म

मैं सुलगाता हूँ रात का बेचैन अँधेरा
और फूँकता हूँ सुब्ह तलक
आँगन में सूरज की पहली किरण
और मुँह में कसैला स्वाद
खड़े मिलते हैं साथ
और होता यह है कि
मेरी रोटी पर
अपना जूता रख देता है कोई
जब-तब मुझे नंगा कर देता है कोई
सड़क पर या जेल में
बार-बार
मुझे आँखे नीची करने को कहता है कोई
और एक ही जुर्म की सज़ा में

बार-बार
मेरी खाल खिंचवाई जाती है

और मैं इन्हें कर लेता हूँ नोट
फ़ोटो खींच लेता हूँ इनके कभी।

मेरी कविताएँ ये नोट, ये फ़ोटो हैं बस,
और ये नोट, ये फ़ोटो राजनैतिक हैं क़तई
क्योंकि, कविता में सम्भव है उदासी
उदासीनता बिल्कुल नहीं।

कविता में उस जगह का नाम

[फ़िलिस्तिन के बारे में सोचते हुए]

हाँ, वह एक जगह है
जहाँ,
लोग ख़ुश होते हैं
और नाराज़
और, एक-दूसरे को, गोली मार देते हैं
और शान्ति की खोज में, करते हैं आत्महत्या

रविवार, परेशान कर देता है।
लोग कपड़े फाड़ने लगते हैं
और चीखने
और दौड़ने
और, पागल हो जाते हैं।
थाने, अस्पताल और श्मशान
रविवार के चौराहे पर
और कुछ नहीं मिलता
जबकि लोग गिलेटिन के नीचे सिर देने तक को तैयार बैठे रहते हैं

कुछ औरतें, रात भर

एक रुपये को डेढ़ रुपया बना देनेवाला जिन्न ढूँढ़ती हुई
सड़कों से जूझती हैं

आसमान और धरती के बीच उतनी ही जगह बची रहती है
और अख़बार न मिलने से, सुबह झाँट हो जाती है
हाँ, वह एक जगह है
जहाँ डूबती शाम की मेज़ पर रखे
साहिल के पन्ने पर
एक लड़की लिख देती है 'समन्दर'
और समुद्र उस लिखावट को चूम लेता है

रात आती है
और, कुछ लिए बिना, नहीं जाती

सिगरेट जलती है
बुझ जाती है,
अलाव बुझ जाते हैं
ख़तम करने के लिए
सिर्फ़ कहानी रह जाती है

(मेरे सपने में, कभी, घोड़ा नहीं आया)
मनुष्य के सपने में घोड़ा आ ही सकता है
लेकिन, अगर, घोड़ा सपना देखे—
तो उसमें मनुष्य आएगा ही!

कुछ खिड़कियाँ रोती रहती हैं रातभर
और कुछ लोग कहते हैं—

राख तो राखदान में ही है!
तुम्हारे पैर जूतों में ही हैं!
देखो!
तुम ख़ुद ही घर को बाज़ार कह रहे हो,
और—इसकी सज़ा होती है!

मकड़ियों की आवाजाही में
अधजली कुर्सी डूब जाती है
जहालत और उत्पीड़न का कंठस्थ पाठ दोहराता
स्लेट पर कर देता है बीट एक उल्लू
राख को उँगली पकड़कर छोड़ जाती है हवा सड़क तक
जो, गश्ती पुलिस के जूतों पर चिपक
गली-दर-गली फ़िरती है
और जिसे कुछ नहीं भाता
ना मकड़ी, ना उल्लू, ना सड़क, ना पुलिस के जूते
पहरों धुआँ बही दीवारों से
सिर टकराती है हवा
बेहद बेचैन—बेनवा!

हाँ, वह, एक जगह है
जिसे लोग ढूँढ़ते हैं, दुनिया के नक़्शे पर
जिसे लोग भूल जाते हैं
और जिसके न होने से,
उनके घर का रंग नहीं बदलता

रात और दिन
घोड़े के पाँव में ठुकी नाल है
और गले तक ज़मीन में गड़कर

आँखें खुली रखता हूँ
और माथा शान्त

मेरे सपनों से झरी राख में
ग़ुलाब, चाँद, नदी
और उस पंछी की आँखें होती हैं—बेनियाज़!
गिलगमेश!!

मिट्टी-सना एक केंचुआ

मुझसे, एक टूटी संगति
(जिससे चिपकी एक उदास शाम
मेरे सीने में भटकती रहती है
मेरी आत्मा से चिपटकर रोने लगती है, जब-तब)
बटन टाँकती, बर्तन घिसती,
ईंटें ढोती साँसों की संगति
जवाब-तलब करती है
टटोलने पर उसकी मौन नब्ज़
मिलती हैं घर की उदास खिड़कियाँ
जो देखती हैं टूटती चीज़ें
एक-एक चीख पर
और मिट्टी-सना एक केंचुआ
धीरे-धीरे सड़क पार करता है
जेठ की धूप में...

आकर
किसी अनगढ़ लिखावट का घायल कबूतर
रोशनदान से टकराता है
और देर तक शीशा पीटती है उसकी छटपटाहट
मेरी नींद चौराहे पे पड़ी मिलती है
जहाँ एक बच्चे के चेहरे पर

स्याह गहरी चाकूधार इबारत एक
पढ़ने की कोशिश करती है देर तक
राख
और मिट्टी-सना एक केंचुआ
धीरे-धीरे सड़क पार करता है
जेठ की धूप में...

किरणों के सहमे ताप में
घावों पर
रह जाती है शेष
भन-भन केवल

दुःस्वप्न हुई गलियों में
थिरकती हैं ईश्वरों की परछाइयाँ

चाँद सबसे फ़िजूल चीज़ों में से हो जाता है
ग़ुलाब और ओस और जलेबी की तरह

और मिट्टी-सना एक केंचुआ
धीरे-धीरे सड़क पार करता है
जेठ की धूप में...

वियोग-कविता

शाम और सड़क की अन्तर्व्याप्त दुस्सह्यता के बीच
इन्तज़ार, एकान्त और मैं
अगर लिख सकता वियोग-कविता
तो लिखता

उस नदी के बारे में
जिसकी छाती में
विस्मृत इतिहास की अन्तिम आख्यायिका लिखकर
भोर के तारे ने कलम रख दी
जिसे रस्ते के सारे पेड़ और झाड़ियाँ और घास
पढ़ते हैं झुक-झुककर
जिसमें भूल जाने और याद आने का
एक उदास गीत है
और उस भाले का वर्णन है केवल
जो हारी हुई सेना के
आख़िरी मरनेवाले
सिपाही के हाथ से गिरा था

या बीच समुद्र में फेंके उस कंकर के बारे में
मेरे पूर्वजों के अनभिव्यक्त प्रेम-सा
जो अब तक तल ना पा सका

जिसमें रख छोड़े हैं उन्होंने
मेरे लिए कई सपने
अपनी थकान, हिदायतें
और पहेलियाँ
जिन्हें सुलझाते हुए
मैं प्रेम करता हूँ

या उस उषा के बारे में
जो वैदिक ऋचाओं में निःबन्ध,
किसी प्राचीन सभ्यता की लिपि-सी,
रहस्यमयी, मोह-भरी, अधबूझी।
दफ़न नगरों से
उजाड़े गए गाँवों तक भटकती।
फिर फिर आती
त्रासदियों की गवाह।

या जंगल में छोड़े हुए लंगड़े घोड़ों के बारे में,
जो सहज क्लान्त,
जिनके अयालों में विगत की स्मृतियाँ,
जिनकी आँखें गुलमोहर के फूल—
शहर में झुलसी
आरण्यक फ़ैंटेसी के
कोमल प्रतीक।

या अर्ध-विक्षिप्तों की उन कथाओं के बारे में,
जो रेलगाड़ियों और बावड़ियों में हैं—बेनक़्श।
या याद रह गए दुःस्वप्नों के बारे में।
या वियोग-कविता के बारे में।

डायरी कविता

एक नवम्बर

एक समय,
हम देखेंगे,
हर एक ख़ुश है।

दो नवम्बर

आशंका है
छत पकड़कर
झूल रहा बन्दर की तरह
सौ वॉट का बल्ब :
खीं-खिंयाता दुःस्वप्न।

जहाँ राबिया तुम
रोशनदान तोड़कर
अभी-अभी भागी हो
और गाँव-गोइरे
इमली की डाल पर
चमगादड़-सी लटक गई हो

क्या हुआ था?

ज़िन्दगी इतनी कठिन तो नहीं थी
कि एक शान्त धूसर आभा ओढ़ ली जाए!

तीन नवम्बर

मीरा तुम अपना जिस्म लिए
घुग्घू के पर तौलने में डूबी
ठहरी हुई सड़क पर ठहरी
जा चुकी कार का सूँघती
धुआँ

***

कुछ ठिठुरती नींदों की तरफ़
इशारा करती स्ट्रीट-लाइट, साथ
एका कर सुअरों के भटकती
सूँघती फ़िरती फ़ुटपाथ
मृत्यु

***

लोगों की कसमसाहट
टी.वी. नहीं बताएगी
घड़ी नहीं बताएगी
सरकारी दफ़्तर भी नहीं

चार नवम्बर

मृत्यु!
एक शहर में भटकते हम दोनों,
एक दिन टकराएँगे ही!

पाँच नवम्बर

जेबें इतनी खाली हैं
कि अलिफ़-लैला का आख़िरी क़िस्सा भी
सल्फ़ास की गोलियों को सुनाया जा चुका है

छह नवम्बर

मेरे पास
एक लाश है
एक दुःस्वप्न
और शिशिर की निःशेष रात
और कोई जवाब नहीं है!

सात नवम्बर

नीम-बुझी गलियों की दीवारों के
अँधेरे-उजाले पर
बोध की सारी पीड़ा और क्रोध
उभारता चला जा रहा है
अंडरग्राउंड का गुलमोहर का फूल

दस नवम्बर

जैसे आईना टूटता है
और नींदें पीड़ाओं का सिलसिला हो जाती हैं
सीपियों में मिली कविताएँ
मेरी साँसों में
अश्वत्थामा के कपाल-सी
मैं सूरज को अपने सर में रख लेता हूँ
और कुर्सी को छतपंखे की जगह टाँग देता हूँ

ग्यारह नवम्बर

तुम घोड़ों से आए
और तुमने सिर्फ़ दो स्वाद हमारे लिए शाश्वत बना दिए—
एक कड़वा
और एक कसैला
तुम घोड़ों से आए
और तुमने सिर्फ़ दो चीज़ें हमें दीं—
नाल
और लगाम।

बारह नवम्बर

फ़्लाय-ओवर के नीचे
हैंगओवर में...जाम।
चाँद और फ़ैंटेसी
सड़क पर बिखरे जा रहे हैं

और ऑटो में चेता है
सौ वॉट का बल्ब।

तेरह नवम्बर

हल्के-हल्के
तय करके
कई सदियों का सफ़र,
एक राग!
अपनी कोमल तर्जनी में
ठंडी मिज़राब सँभाले
मेरे बालों में पिरो रही है
शहरज़ाद!

...

मेरे भाइयों का नाम बताओ! जो मुझे अँधेरे कुँए में फेंक गए थे!!
और जैसे रात हो गई थी—रेगिस्तान में!!!

चौदह नवम्बर

फ़्लाय-ओवर के नीचे—
कुत्ते पोस्ट-मॉर्टम करते हैं!!
रात के तीन!!!

सत्रह नवम्बर

विक्षिप्त अफ़वाहें
आईने और आँखों के बीच

आँखें दरकती हैं
आईना कोढ़ाता है
घर से ना लाश मिलती है
ना आईना

अठारह नवम्बर

कुछ इंजेक्शन
और गर्भाशय कुछ
लँगड़ाते फ़िरते हैं
शहर में

तेईस नवम्बर

असंगता थी
बेचैनी थी
घर के कोने धूसर थे
लैम्पपोस्ट उदास थे
प्रसव-पीड़ा से बिल्लियाँ चिल्लाती थीं
दीवारों से सिर पीटती थी हवा
सड़कों पर घूमते थे हथियार
चम्बल के तट पर सन्नाटा था
मगर, इतना तो, नहीं था कभी!
जंगलों पर
और बस्तियों पर
ये कैसा महात्रास मँडरा रहा है!

चौबीस नवम्बर

तुम आते
जैसे शबे-विसाल चाँद पर बादल आता है
जैसे सही वक़्त पर मानसून आता है
जैसे यादों के शहर में वह मोड़
जहाँ अपने मेहबूब से मिलना हुआ था
जैसे गोंद आता है बबूल में
और नदी में मछलियाँ

...

इस तरह नहीं
जैसे रतौंधी
जैसे घाव पर मक्खियाँ
जैसे घर पर पुलिस
जैसे इमरजेंसी!
जैसे हत्या!!
जैसे, ब्लैक-आउट...

छब्बीस नवम्बर

मेरी कहानियों की सौ-सौ नायिकाएँ और नायकों को
—जो महुए की चुअन सीने पर महसूस करते थे,
जो ज़िन्दगी को भरपूर जीना चाहते थे।
जो बेनाम गलियों के मोड़ों पर,
घरों के साफ़-सुथरे कमरों में,
सड़कों की भरी-पूरी छातियों पर,

झाड़ियों में, और पहाड़ियों पर क़त्ल हुए।
और जिनके बरसाती गीतों की धुन पर
डोला करते थे साँची के स्तूप—
रात की व्याकुलता में
बीड़ियाँ सुलगाते देखा मैंने
और देखा ग़ुस्से से दाँत पीसते, उन्हें!

अट्ठाइस नवम्बर

जीवन
साँझ-सा निःशब्द
शेष हो जाए
श्वास-निःश्वास के क्रम में
दुःख कठिन हो जाए जमकर
पर,
तुम प्यार नहीं हो
तुमको प्यार नहीं लिखूँगा!

तीन दिसम्बर

दमित कथाओं में लेकिन दर्ज,
मेंढकों, कनखजूरों, तितलियों की हत्याएँ

चार दिसम्बर

प्रेम में निषिद्ध—
मृत्यु का मौन,
आवाज़ खोजता है।

पाँच दिसम्बर

रात को एक बजे
पेपरवेट के नीचे दबाए गए यातना के इतिहास के सेंसर्ड पन्ने
बस्ती से मसान तक
घुग्घुओं के परों से झड़ते हैं

...

ज़ब्तशुदा गाड़ियों पर जमी धूल
रातगश्त पर भेज चुकी है
पुलिसवालों को

... ...

दो ट्यूबलाइटों के बीच खड़े
आदमक़द आईने में
एक केंचुआ रेंग रहा है...

चार

बाकी प्रेम कविताएँ

लाल धधकते लोहे के टुकड़े
तुम्हारी आँखें,
आँखों के नीचे हड्डी की टेढ़ी-उभरी लकीर।

—नज्र-ए-शमशेर

1

वहाँ बारिश होती है
पुरानी लकड़ी की पाट भीगती है
उसकी दरारों से दीमक चूने लगते हैं
माथे पर खिड़की के लोहे की ठंडक महसूस करता हूँ
भाप जैसे बूँद-बूँद कर टपक रही है दिमाग़ में
मैं आँखें बन्द कर लम्बी साँस खींचता हूँ
जैसे सकल विस्तार को अपनी श्वास-नलिका में घूमता महसूस करता हूँ
बिन्दु-बिन्दु प्रकाश छिटका है
प्रकाशवर्ष दूर एक-एक बिन्दु
कोई मासूम नहीं होता
ना तू थी, ना मैं था
तू भूल भी गई शायद
या याद भी रहा तो क्या मुझे पता नहीं!
पर एक इच्छा है जागी हुई
कि एक दिन उस खिड़की के लोहे पर माथा रख

हम दोनों बारिश देखें!
मैं तुझे जिस उम्र में छोड़ आया था
असल में, वहीं से तुझे अपने साथ लाया था
जिस दिन बारिश हो रही थी
रसायनों की हल्की गन्ध के बीच
मैं खड़ा था अकेला अपने में
तू मुस्कुराई
जैसे, आज कहूँ, वसन्तसेना!
इसीलिए चाहता था बहुत तुझे
कि बक़ौल बेदिल सच सच को ढूँढ़ता है।
जिस दिन बारिश हो रही थी
मैंने एक पल के लिए ब्रह्मांड को सुन्दर रूप दिया
आत्मसात् किया
जैसे एक ठोस वस्तु तरंग बन जाती है
देखते ही देखते विचार बदले कि बस!
एक पल के लिए मैं कितनी दूर बह चला
जैसे ये पल भी उस पल का विस्तार है
जिस दिन बारिश हो रही थी।

2

मैं बहता जा रहा था
आगे, आगे, बहुत आगे
कि तुमने मुझे श्मशान की याद दिला दी
दोपहर वह मई की
वह झरबेरियों से उलझना
पर तुमने क्यों कहा कि मैं बदल गया हूँ,
मुझसे बात भी नहीं की
मिली भी नहीं!

क्या मैं ऐसा बदल गया था
कि हम बात भी नहीं कर सकते थे।
शायद मैंने तुम्हारे मन में बसी
अपनी ही छवि तोड़ दी थी।

3

तुम ही थी, जिसने मुझसे कहा,
किसी का मज़ाक उड़ाना नहीं अच्छा!
मैंने मन में बसा ली वो तरलता।
कोई कितना इन्सान है हो सकता!
और कौन सिखाता?

4

मैं तुम्हें अपनी शक्ल देना चाहता था
तुम मुझे अपनी
समुद्र की लहरों को मैं बाँहों में समेट लेना चाहता था
तुम किनारे-किनारे थोड़ी दूर जाना चाहती थी
नाव में ठहरे जल में
हमने देखा अपना बिम्ब
तुम अलग—मैं अलग—बहुत
दूसरी नाव में लेटा मैं
अलग हो गया अचानक
तुमसे—समुद्र से—सबसे
ये सबसे ध्वंसक पल था
मैं बाद में आत्मसात् कर पाया
बहुत बाद में बात कर पाया
वह समुद्री खोह का कालापन

मांसल एकदम ठोस
समुद्र में गहरे-गहरे डूबते जाने जैसा
सुबह अचानक रात का नशा उतरा लगे जैसे
तूफ़ान में मिले हम, तूफ़ान में बिछड़े।

5

उस रात मैं दु:खी था
दु:ख से टूटा था
दु:ख से भरा हुआ
वंचना का दाह
उपेक्षा की कड़ुआहट
क्रूरता का दर्शन
विश्वासघात का डर जैसे
मैं तुम्हारे सामने इतना बच्चा हो गया
कि ख़ुद डर गया।

6

जुनूँ का एक पल वो अगर ज़िन्दगी बदलता
मैं खींच लाता आज तक वो दोपहर, वो गली
जिसमें रखे थे तुम्हारी एड़ियों के ऊपर दो दूज के चाँद
तुम्हारे कन्धे के ठोसपन ने जो लरज़ मुझे दी थी
लगता है आज भी उस गली में तुम्हारी एड़ियों पर
दो दूज के चाँद रखे हों जैसे
जैसे लरज़ता हूँ मैं अब भी

...

मैंने एक घर चुन लिया था
एक ज़िन्दगी

एक शहर चुन लिया था
एक नदी वहाँ बहती थी
रेल के पुल के नीचे
जहाँ हम शाम को घूमने जाया करते थे
मैं ख़ूब मेहनत करता था
तुम ख़ूब ख़ुश होती थी
तुम ख़ूब मेहनत करती थी
मैं ख़ूब ख़ुश होता था
वहाँ गाड़ियाँ तेज़ चलती थीं
शाम को बाज़ार में खाने-पीने की
तमाम तरह की चीज़ें मिलती थीं
वहीं एक गली में मैदान के पास
मैंने घर ले लिया था
(मुझे और अच्छे से याद नहीं!)

...

मैं तुम्हारे इतने पास होना चाहता था
कि मेरा दिल फटने लगता था
साँसें तेज़ होने लगती थी
इतने पास के ख़याल से ही

...

मैं इतनी तेज़ दौड़ा
तेज़, और तेज़
मेरी साँस फूलने लगी
सीना फटने लगा

मैं और, और लम्बे डग भरने लगा
थम्बे, नाले, नदियाँ, पुल कूदने लगा
मैदान-पहाड़-देश-ग्रह-नक्षत्र
मैं तारों के महासमुद्र में तैरने लगा
तेज़-तेज़—और तेज़—मैं पार करता गया
एक महासमुद्र से दूसरे महासमुद्र से तीसरे महासमुद्र
मैं साइकिल से गिर पड़ा
और मैंने महसूस किया
मेरे सिर पर तुम्हारी हँसी
जुनून बनकर खड़ी है।

7

वह रहस्य जन्म का, जीवन का
रसमयी लालसा, विस्मयी वासना
उष्ण द्रव वसीय वह
मध्यमिका जैसे शरीर से परे किसी ताप में
प्रथम आविष्कार
वह ना गन्ध ना रूप ना आकार
केवल एक उष्ण तरल एहसास
वाष्प की तरह अब भी जमा जैसे छाती में।

8

मैंने ठुकराया तुम्हारा प्यार
मैंने तुम्हें छीज-छीजकर मरते देखा
मैंने तुम्हारी देह को ग़लते देखा
मैंने बहुत कामना की
तुम्हें गले लगाने की

पर जब सब कुछ छूट गया
तुम एक दिन विलीन हो गई
किस वक़्त पता नहीं
मुझे तुम्हारी लाश से क्या मतलब!
मैं तुम्हारा प्यार ठुकरा चुका था
पर एक इच्छा थी
तुम्हें गले लगाता
और हम लोग मगरे तक घूमने चलते एक बार।

9

दोपहर है
नीम-नील, नीम-सफ़ेद दीवार है
मैं एक पल के लिए उसके इतने नज़दीक़ हूँ
कि उसकी साँसें अपनी गर्दन पर महसूस कर सकता हूँ
एक उसी पल में
मैं घबरा जाता हूँ
अपने-आप से
पीछे हट जाता हूँ
अचानक एक आवाज़, दोपहर खींच लेती है।
आगे नहीं...
मैं पीछे हटता जाता हूँ!
इसके आगे क्या...

10

फिर बारिश हुई नदी पर
रात के आख़िरी-आख़िरी पहर

साँय-साँय में घुल गई
बूँद-बूँद फिर लहर-लहर

...

मैं मिट्टी के इतने पास
तुम्हारे इतने पास
आम की जड़ के इतने पास
जैसे यहीं मिलनी मुझे
युगों से मुझे ढूँढ़ती : तस्कीन!

...

मैं फिर तुमसे प्यार करना चाहता हूँ,
मैं तुम्हारी लासानी मूर्ति बना रहा हूँ।
मैं कल इसे तोड़ने का वादा करता हूँ,
मैं फिर तुमसे प्यार करना चाहता हूँ।

...

वहाँ एक नदी है
गरजती हुई
सफ़ेद
वो एक चट्टान को सदियों से विलीन करने में लगी है
वो चट्टान अब भी है वहाँ
उस पर हमारे पाँव के निशाँ
वे आत्म-आहुतियाँ
घुलती जाती हैं एक समग्र इतिहास में
एक पल में

दरवाज़े बनते
रँगाई होती है
सदियों की रुकी चर्चाएँ जैसे चल पड़ती हैं
हवा चलने लगती है
प्लास्टिक की बोतल
एक झटके में
ज़मीन से सौ फ़ुट ऊपर घूमने लगती है
जमने लगती है
फिर धीरे-धीरे ज़मीन पर धूल
बगुले छिप जाते हैं इमली की कोटरों में
हरी घास के साथ भीगते हैं झींगुर
मैं दूर तक देख सकता हूँ अनाकुल मन से
बारिश और सिर्फ़ बारिश
भीगना और सिर्फ़ भीगना
मक़बरों की टूटी हुई ईंटें
परित्यक्त मीलों में मशीनें
ट्रकों के टायर—भीगते हैं
भीगती हैं झरबेरियाँ और मेंहदी
भीगते हैं अंजीर और बबूल
भीगते हैं मैं और तुम
और अपराजिता के फूल!

बचपन से लिंग अब तक

बचपन में, बच्चों से बच्चा था मैं
औरत क्या है, तब नहीं जानता था मैं
उनसे मारा-पिटी करता था बराबर,
और जीत ही जाता था अक्सर,
जो मुझे रुलाकर हँसती थीं
ऐसी थीं, पर कम ही थीं
औरतें तब भी थीं दुनिया में
(वर्ना मैं कैसे होता!)
पर मैं नहीं जानता था कि औरत क्या है?
जबकि औरत तो बहुत पहले बन चुकी थी,
हिन्दी-भाषा से भी पहले।
बहुत पहले-से जलाई जा रही थीं औरतें
पेट्रोल-एसिड बनने से बहुत-बहुत पहले से।
बहुत पहले से ही मानव-मूल्य कुचले हुए थे
अत्याधुनिक तानाशाहों के बनने के बहुत पहले से।
ऐसे ही संस्कृति के मंडप तने हुए थे
रेप-पॉर्न का मतलब समझने से बहुत पहले से।
बेरोज़गारी के इक्कीसवीं सदी के संकट से बहुत पहले से
लोग नशेड़ी और संन्यासी हो रहे थे।
ज्ञान और मुक्ति का पथ भी
बहुत पहले से बना रहे थे लोग,

गोंज़ालो, सीसोन, मार्कोस और ओजलान से बहुत पहले से।
बहुत पहले से भड़की हुई थी विद्रोह की आग,
मैं तो अभी-अभी जला हूँ,
फफोले देखते सोचता हूँ—
कि जब सीखा था बोलना, तो स्त्रीलिंग होना सीखा
पुल्लिंग होना सीखा, नपुंसकलिंग होना सीखा
शिश्न की सत्ता देखी, विभिन्न योनि चित्र
विभिन्न आलिंगन, चेहरों पर भाव विचित्र
गुप्त रोगों के विज्ञापन पढ़े
कुछ खुला कुछ ढँका गोरा बदन,
मेरा क़द बढ़ने के साथ-साथ
बढ़ता गया मेरे चारों ओर—
स्तन-भग-शिश्न-दर्शन-प्रदर्शन।
मैंने जब ओसान सँभाला
देखा कुछ सफ़ेद, कुछ काला
कुछ धूसर, कुछ आसमानी
मैंने माँओं को बहनों को अक्सर रोते देखा,
मैंने की अनन्त प्रार्थनाएँ—
मेरी बहन 'गोरी' हो जाए!!!
रोते-रोते मेरी आँखें लाल हो गईं
पर जो ना होना था, नहीं हुआ।
मुझे समझ आया स्तन की गाँठ का मतलब
स्वप्न-दोष और झाँट का मतलब
वीर्यपात का मतलब
मुझे समझ आया सुहागरात का मतलब
मुझे समझ आया दुनिया ना चपटी है ना गोल
ना ईश्वर की है, ना इन्सान की—
दुनिया एक योनि में है गहरे

प्रकाश की पहुँच से बाहर।
गहरा अन्तराल है दुनिया।
दुनिया एक शिश्न पर टिकी है
नसें फटने की हद पर ठहरा,
गहरा तनाव है दुनिया।
अपमान है, दुराव है दुनिया।
स्तनों और नितम्बों की आँच पर
पिघलती हुई नज़र है दुनिया।
सवाल है, बवाल है दुनिया।
किसी तंगहाल घर का ज़वाल है दुनिया।
नहीं, ये कविता की दुनिया है,
एक लिंग, एक बिम्ब, एक सपना है,
ये मेरी भावना है, कल्पना है
वर्ना ऐसी कहाँ है दुनिया—
किसी और कारण से घूमती है दुनिया,
किसी और कारण से नहीं घूमेगी।
बचपन में, बच्चों से बच्चा था मैं,
सम्भोग क्या है, तब नहीं जानता था मैं।
जब बोलना सीखा था मैंने,
देखी थीं काम-क्रीड़ाएँ।
जैसे-जैसे ओसान सँभालता गया था,
कामोत्तेजना को भाव-विचार-कहानी की तरह जानता गया था,
छूपते, घुमते, खेलते—अकेले में, अक्सर किसी के साथ, अँधेरे में कभी
वे ठंडी जगहें मेरी कलाइयों और गर्दन पर महसूस होती हैं अभी।
सिर्फ कपास और रेशम और जिन्स ही नहीं
कई तहों में दबी थी वह उत्तेजना
मेरे मन पर भी तह-दर-तह जमती गई।
अब सोचता हूँ कि तब ही अच्छा था

जब मैं बच्चों से भी बच्चा था,
अब तो समझ आता है कि योनि और शिश्न का
इतिहास है, विज्ञान है, राजनीति है,
अनुपात है, विनिमय है, मुद्रा-स्फीति है,
रंग है, जाति है, धर्म है, देश है, भाषा है
लिंग का अपना तमाशा है
सब जिसके तमाशबीन—
भारत-रूस-अमरीका-चीन।
(अब तो कभी-कभी ये भी सोचने लगता हूँ
कि अपने होने की क्या परिभाषा है
कुछ है कि नहीं नर होना, नारी होना
या ना नर होना, ना नारी होना
या ये बेकार की बातें हैं, मगज़मारी है,
क्यूँकि हवस तो मिटती नहीं, सम्भोग अथक जारी है।)
अब तो सोचता हूँ
काले नमक के पत्थर
और ज़ब्तशुदा कविताओं पर,
मेरे ध्यान के विषय हुए
सब्ज़ी, दवाइयाँ, गैस का सिलिन्डर।
अब मैं बच्चा नहीं रहा।
बदल गया दिल-दिमाग़
आवाज़ और अन्दाज़ बदल गया
ख़्वाब जल उठे, ख़याल हुए आग,
बदल गया ज़िन्दगी से लेन-देन।
ज़माने ने मोबाइल पा लिया,
सीरियल किलर, बुलेट-ट्रेन
जिगोलो, पॉर्न स्टार,
कृत्रिम बुद्धि, कोकेन

रासायनिक और जैविक हथियार,
हत्याओं का सीधा प्रसारण,
दिखने लगे बलात्कार को न्यायपूर्ण बताते बौद्धिक,
खड़े हो गए नये विश्व-विजेता—नये ईश्वर,
लेटेक्स रबर का जाँघिया पहनकर—
जिम-जिमाया बदन—क्लिक-क्लिक-क्लिक।
मुझे समझ आया कि भूख एक साज़िश है, सरमाये की ओट
मित्रता, प्रेम और सम्भोग भी पुकारते हैं, नोट-नोट-नोट
मुझे समझ आया कि नेताओं के जुड़े हाथ और मुस्कुराहट
नहीं माँगते सिर्फ वोट,
वे हत्या और बलात्कार की माँग भी करते हैं,
वे जीत के उम्मीदवार
जो जीता वो पर्वरदिगार
और मैं हारने के लायक़ नहीं
नायक नहीं, खलनायक नहीं,
मुझे समझ आया कि हर बेरोज़गार
एक चोटिल खजेला कुत्ता होता है
भयभीत, आशंकित, चिढ़ा हुआ
अपने केनाइन दाँत घिसता हुआ
दफ़्तर-दफ़्तर,
अपनी गुदा बचाता हुआ,
अपना ही मन पीसता हुआ
हर इनकार पर।
क्या घुट-घुटकर जीने
अपमान का घूँट पीने
और निरन्तर
झाँट जलाते रहने से बेहतर नहीं
दुनिया को जला दिया जाए

ख़ुद भी जल जाया जाए
ना ख़ुदी रहे, ना ख़ुदा रहे...
(कोई लिंग अलग से थोड़े ही रहेगा!)
...और कभी सोचता हूँ
काला नमक पेट साफ़ रखता है।
माड़साब,
ग़लती माफ़,
पेट साफ़ तो दिमाग़ साफ़,
ऐसा बेचनेवाला कहता है।
मैं ख़रीदूँ
साठ रुपये किलो का
काले नमक का पत्थर
या एक रुपये की माचिस!
'हिन्दी-भाषा और नैतिक-मूल्य'
पढ़ाते वक़्त सोचता हूँ बराबर
पेट, लिंग, नमक और माचिस के बारे में
शब्दों की सीमाओं के बारे में
क्रियाओं की सम्भावनाओं के बारे में
कूड़ा-करकट और भव्यता के बारे में
हिंसा और सभ्यता के बारे में
कोंफ़्लिक्ट मिनरल्स और सिलिकोन वैली के बारे में
धीमे-धीमे युद्धों की शैली के बारे में
पाठ्यक्रम और शिक्षा, राजनीति और ज़मीर के बारे में
ग़रीब और अमीर के बारे में।
भूखे पेट सोचता हूँ तो दुनिया अलग दिखती है,
गुप्तांग अलग, आतंक अलग,
चुम्बन और आलिंगन अलग,
शास्त्र और ईश्वर अलग दिखते हैं,

स्वर्ग घृणा पैदा कर देता है
और आनन्द घुटन।
चौपाटी पर अख़बार पढ़ते हुए
देख रहा हूँ एक बच्ची
गन्दगी के ढेर से निकाल रही है
दोपहर का भोजन।
मुझे हो चला है यक़ीन
भूखी-बीमार-गन्दी दुनिया के तमाशबीन
सब नहीं हैं।
शहादत अब भी है उरुज़-ए-ज़िन्दगी।
सब नहीं हैं—आलसी और उदासीन
बेरीढ़-बेहिस-साहसहीन—
सब नहीं हैं।
ऊँच-नीच, भेद-भाव से तस्कीन
सबको नहीं है।
अब मुझे है पूरा यक़ीन
मैंने माचिस ख़रीदकर ग़लती नहीं की—
शान्ति सम्भव ही नहीं पूँजी के अधीन—
मैंने कक्षा में
एक-एक तिल्ली बाँट दी
जो-जो बच्चे रोते थे, बस उनको
इस बार मैंने प्रार्थना नहीं की—
अब मैं बच्चा भी तो नहीं रहा, जानता हूँ,
दुनिया अकेले ना जलाई जा सकती है
ना बसाई जा सकती है।

कुछ हफ़्ते : कुछ सन्देशे

लोहे की बकरी
सीमेंट की घास खाती है
एक कविता की तरह
गेती उठती है
ज़मीन में धँसती है
दो खुरदुरी हथेलियों के बीच
रगें तनी हुईं
उँगली के पोर
और आँखों की रोशनी के बीच

लाउड-स्पीकर से उठती है आवाज़
कोई चेतावनी लेकर
उड़ते हैं कबूतर
मँडराती हैं चीलें
सिर के ऊपर—मथुरा रोड पर

बस रुकती है खटका होता है
आशंका के भँवरे
उड़ते हर आँख में
कितनी तड़प, कितनी बहसें

बस में बैठने की गुंजाइश नहीं है
मोबाइल थरथराता है
किसी सन्देश की आस
मन में फूटती है
पर गुंजाइश नहीं है

किसके पास छोड़ आया हूँ अपना वक़्त
रेलिंग छूता हूँ एक बन रही बिल्डिंग की

इतना गहरा गड्ढा है इन होर्डिंग्स के पीछे
ख़तरे और ख़ूबसूरती के निशान, ज़िन्दगी उतरी हुई गहराई में
टॉर्च की रोशनी में काम चल रहा है
डेस्क पर नक़्शे बन रहे हैं
बिजली की तरंगें अनगिन
एक दूसरे को काटती खींचती
किसी दिन मेट्रो गुज़रेगी यहाँ से
गड्ढा सुरंग हो जाएगा किसी दिन
लाश जो गड़ी रह जाएगी गड्ढे में
उड़िया या झारखंडी!

बन्द दरवाज़ा
अन्दर से सजाता हूँ
दीवार पर टाँगता हूँ
चार्ली चैप्लिन की तस्वीर
ब्लैक एंड व्हाइट
व्हिस्की का आख़िरी घूँट
अनधुले कपड़ों से नज़र हटाता हूँ

सड़क के किनारे-किनारे
तेज़ धूप से बचता
पहुँचता हूँ निज़ामुद्दीन ईस्ट
रहीम से रुख़सत लेने

रहीम चुप है और गम्भीर
आस-पास उभर आए गलियों और घरों के बीच
शान्त और धीर
धूप और धुएँ और धूल के बीच
गहरी सोच में
अपनी ठोडी अपने घुटनों पर रखे
स्वप्नशील शूरवीर

रात का पहला पहर—पुलबंगश
पेप्सी की बोतल में ओल्ड-मोंक
तर्जनी और मध्यमा के बीच—चार्म्स
ऑटो रुकते ही पसीना
चौराहे पर रोशनी का कारोबार
नायिका-भेद-विचार
उत्पीड़ित वासनाएँ
बदन में झोंक—नग्न और लहरदार
रोज़ रात, रोज़ जिस्म, रोज़-रोज़ साँसें
अर्धनिमिलित नेत्र—गहरी घुसी फाँसें

फ़ुटपाथ पर सोई फटेहाल बुढ़िया
चाँद के आँसुओं का कारण है

किताबों ने उलटकर सवाल किया
या सलाह दी, पता नहीं
ज़िन्दगी की उलझनें जीने से सुलझेंगी

सुबह चाय से पहले
खाली जेब याद आती है
टिटहरी पुकारती है मेरा नाम
किसी गहरे तालाब के किनारे
पुल पर बैठी बूढ़ी मैना
अचानक गिर जाती है
बस एक भिखारी और मैं
उम्मीद का टूटना सुनते हैं
और सड़क देखते हैं
वह भीख माँगना छोड़ देता है
और मैं...

दोपहर को एड़ी से दबा
मैं नेहरू पार्क में निहारता हूँ लेनिन की मूर्ति
छूटी हुई, टूटी हुई एक ईंट
मेरे घर की, यहाँ लगी हुई है

ढोल बजाते, ख़ुशी मनाते गुज़रते हैं लोग
शहर के सबसे मशहूर हत्यारे का जन्मदिन है आज
आज का दिन भी गुज़र जाएगा
मैं चिपटा रहूँगा खाली आँतों से
कभी तड़पकर चीखूँगा
और कभी रोते-रोते सो जाऊँगा
फिर उतरूँगा कभी
रोशनी की तरह

आज तो मुर्दाख़ोरों का दिन है
आज तो और ज़िन्दा रहना होगा

मैं किसी समझदार व्यक्ति को याद करना चाहता हूँ...
मैं किसी सादादिल इन्सान से मिलना चाहता हूँ...

मैं चाहता हूँ, दुनिया बदल जाए,
पर चाहने से क्या होता है—
'लोहे की न लोहार की, रहिमन कही बिचार।
जो हनि मारे सीस मे, ताही की तलवार।'

...

मैं बस का इन्तज़ार करता
पीपल की छाँव में, चाय वाले के पास
सड़क चुपचाप पड़ी रहती है
अलग-अलग माप के पहिए दौड़ते हैं...
मैंने शहर और सन्तुलन पर सोचा।
अपने तन-मन-धन पर सोचा।
सोचता ही था बदलाव
बदलाव का कार्यक्रम
अमल का सवाल
कि मोबाइल पर सन्देश की थरथराहट
बहुत दूर का बुलावा
मस्तिष्क में तफ़्तीश
कहीं कोई छलावा
फिर ना हो पछतावा!
ठोस, सशक्त, सक्षम
बार-बार गूँजते शब्द

गुज़रा दोहराने लगता दिमाग़।
वक़्त मालूम होता है
वह घड़ी नहीं केवल
वह नहीं रात का दिन में तब्दील होना ही बस
गेहूँ की बालियों पर लाल सूरज की किरणों का स्पर्श नहीं सिर्फ़
पानी का आभास जगाती तपती डम्मर की सड़क ही नहीं
पहले सम्भोग का आकर्षण नहीं एक
सिर पर निकला पहला सफ़ेद बाल नहीं
दोस्त के साथ मापी गलियों का हिसाब नहीं खाली
किन्हीं सफलताओं और असफलताओं की कड़ी नहीं
मोमबत्ती का पिघलना और बुझना नहीं एकाएक
पर सब कुछ एक केवल
मुझमें तड़पता अकेला
मोगरे की महक-सा
मालूम होता है
धड़कनों में ज़माना मालूम होता है
ठीक अपने सीने में
सर्वांग—तंत्रिका-तंत्र सारा
थरथराता पारा
जैसे

इन गलियों से गुज़रते हुए वक़्त मालूम होता है
झोंपड़ी में घुसता हुआ
चाकू तेज़ करता हुआ
रेल की पटरी के किनारे-किनारे तेज़ भागता हुआ
कपड़ों के पछीटने में बुलबुलों सा उभरता हुआ
कचरे से पन्नियाँ छाँटता हुआ
अटक-अटक कर बारहखड़ी याद करता हुआ

तितलियों के पीछे दौड़ता हुआ
लाठी पर झुककर डाँटता हुआ
शहतूत की छाँव में गुनगुनाता हुआ
बबूल की डाल पर लटके मधुमक्खियों के छत्ते को देर तक देखता
...देर तक मोबाइल की स्क्रीन देखता हूँ
मार खाने, मर जाने का भय
हार जाने का, अपमान का संशय
आत्मा को कुरेदती दीमक
खर-खर-खर-खर-खरक
दिन-रात काम जारी है
सबकी अपनी-अपनी लाचारी है
मसलन, प्यार है, परिवार है, दोस्ती-यारी है,
बेरोज़गारी है,
लेकिन अन्दर खर-खर-खर-खर-खरक
मैंने मोबाइल को स्क्रीन ऑफ़ कर जेब में रखा
और साइकिल के पहिए में हवा भरती लड़की को देखा,
देखा सड़क किनारे कचरे के पास बैठकर
भोजन गरम करती औरत को
उसके बच्चों को
जो चुपचाप देखते हैं—
खाना और आग।
मैं आज बस से नहीं, ऑटो से कमरे पर लौटा।

मैंने सोचा उजले आकाश में उड़ते परिन्दे दूर चले जाते हैं
पीते-पीते कभी हाथ से चाय गिर जाती है
मैंने सोचा, मिट्टी भी मर जाती है।
जेब से चाबी निकालकर ताला खोला...

वही वक़्त था—काम से घर लौटने का वक़्त।
मैंने दोबारा सन्देश देखा...
दोपहर की आभा में निखर आई है बारहमासी
इमली से चट्टान पर उड़ आया नीलकंठ
पहाड़ी पर बैठा है मौन आकाश।
खजूर पर चढ़ रही हैं चींटियाँ
करौंदी की पत्ती पर
चुपचाप बैठा है एक मच्छर
अपनी उम्र के ढलान पर शायद—
बरगद का पत्ता टूटकर
मन्दिर के आँगन में गिरता है
हवा तेज़ बहने लगती है...
उड़ता है कंकरों पर प्रकाश।

दिमाग़, आँखें, दिल, पेट, शिश्न और पाँव
सूक्ष्म, बृहत्तर
चक्कर पर चक्कर
दाल और दलिया
दाँव पर दाँव।

आओ, तुम्हें वक़्त दिखाऊँ
खेत में चमकती धूप का वक़्त
कमरे की अँधेरी सीलन का वक़्त
ग्रीस की गन्ध का वक़्त
पहियों के घूमने का वक़्त
हॉर्न का वक़्त
तनाव का वक़्त, सम्पीड़न का वक़्त
दूरी का वक़्त, मिलन का वक़्त।

वक़्त झुका देता है—कन्धे और पीठ।
वक़्त को मुट्ठी में भींच लूँ और उछाल दूँ
अन्तरिक्ष की अँधेरी गर्तों में।

मैंने अन्तिम पंक्तियाँ
शान्त मन से दोबारा पढ़ीं—
'ये क्या कि फिर बना लिया एक बिल दिल के भीतर,
ये क्या कि सजा ली नई महफ़िल दिल के भीतर।
मिलो हमसे जब कभी खुले दिल से मिला करो,
कभी निकलकर बाहर अपने बिल से मिला करो।'

मैंने मुस्कुराकर सॉकेट में लगे चार्जर को देखा
मैंने मुट्ठियाँ भींच लीं
जैसे तय किया—निश्चित—निस्सन्देह
मैं धूप और नदी से प्यार करता हूँ।

मैंने छत पर उतरे सेमबाज़ से कहा—
ख़ुशआमदीद!
एक नया सपना उजाले में घुल गया,
आकाश का नीलापन खुल गया।
छोटे-छोटे बैंगनी फ़ूल और भरपूर रोशनी तालाब पर।
मैंने धरती को चूमा।
मैंने जंगल से कहा—
ख़ुशआमदीद!
देर तक दुबककर मुझे देखता रहा—
खरहा।

तुक-बेतुक : वतन-बेवतन

ऐ मेरे वतन ये कैसा जुनूँ,
ये कैसा भरम, ये कैसा फ़ुसूँ
सर-आँखों पर छाया है,
किसकी शैतानी माया है
कि ज़ख़्म गुलाब कहाते हैं
और प्यार से पाले जाते हैं
कि क़ातिल मसीहा दिखते हैं
और घायल सड़कों पर चीखते हैं,
पर देते नहीं दिखाई-सुनाई,
किसकी है ये चतुराई
कि अपने वतन में जलावतन
चलते जाते हैं अनगिन जन
भूखे-प्यासे, रोते-डरते,
जान बचाते, कटते-मरते।

ये किसकी रोटी है पड़ी हुई,
धूल और ख़ून में गड़ी हुई,
ये किसकी हवस का किया-धरा है,
ये किसका बच्चा है, कौन मरा है?
खोजो-खोजो इसका वतन!

(कहाँ है—कहाँ है—है भी कि नहीं!)
फिर मेरे वतन तू किसका वतन!!

ये किसके शहर फिर वीराँ-से,
ये कौन चले हैं रुआँसे
पैदल-पैंदल शहर छोडकर,
चुपके-छुपके दुःख ओढ़कर,
पकड़े हुए किस आस का छोर,
ये कोई ख़ूनी या कि चोर
या कि शहर बनाने वाले

जिनके पैरों के छाले
सड़क-पटरी पर फूटते हैं,
जिनके दम सीनों में घुटते हैं,
पर जाकर भी कहाँ जाएँगे वो,
क्या फिर नहीं लौट आएँगे वो,
फ़िर-फिर तड़प मरने के लिए,
कचरा-गटर साफ़ करने के लिए,
चलाने के लिए शहर, मशीन
उम्मीद-बेउम्मीद, यक़ीन-बेयक़ीन
कि भूख कब पीछा छोड़ती है
कि भूख अन्दर से तोड़ती है
सपने-वपने, ज़मीर-वमीर,
देखना, वो लौट आएँगे फ़िर
रुपये के चक्कर में घूमते हुए,
रोटी के टुकड़े ढूँढ़ते हुए,
भूल जाएँगे छल-कपट सब,
भूल जाएँगे छीन-झपट सब,

टीवी मोबाइल की चमक में,
किसी वादे पर, किसी धमक में
फिर हत्यारों को मसनद देंगे,
फिर तड़पेंगे, फिर चीखेंगे,
फिर से धोखा खाएँगे,
फिर सब भूल जाएँगे।

ये कैसा सहर, ये कैसा तिलिस्म,
ना अपना दिमाग़, ना अपना जिस्म,
सब कुछ पूँजी के क़ाबू में,
ज़िन्दगी कटती है जादू में
भुल-भुलय्या में हर दिन,
पर ना हम कीड़े, ना ही मशीन!
सोचो-सोचो, थोड़ा ठहरकर,
तोड़ो-तोड़ो ये जन्तर-मन्तर,
चीखो-चीखो, बाहर आओ,
याद करो, ख़ुद को पाओ!
इन्साँ होने का करो जतन,
सारी धरती है अपना वतन।

एक ही दिन के चार पहलू

1. समय की अधूरी कविताएँ

सुबह का कुचला दर्द
शाम को फन उठाकर
फुँफकारने लगा
घर की दिशा से

वे एक-दूसरे से कटे हुए
एक-दूसरे की थकान में देखते
भूख की लम्बी होती परछाइयाँ
सड़क किनारे चुपचाप बैठी हुई

कि जाने किस अति पर
ट्रक के टायरों के ख़ुद पर से
गुज़रने से पहले,
समय की अधूरी कविताओं में से एक
बीच सड़क पर खड़ी हो गई—
उनके ही लाचार आक्रोश का घोष बनकर—
'ओ मेरे साथ चीखती
उत्पीड़ित आत्माओं,
अपनी ही मूर्खताओं
का दंड भोग रहे हैं हम

हमारी आँतों के खालीपन से निकली प्रार्थनाएँ
हम पर हँस रही हैं निर्लज्ज—बेतहाशा

अपनी ही सन्तानों का वध
नये-नये तरीकों से
बार-बार करने का शाप
हमने ही ख़ुद को दिया है

अपनी ही माँ को विष पिलाकर
हम कर रहे हैं उन्मादी-नृत्य
थालियाँ बजा-बजाकर, खिलखिलाकर

कीटनाशकों के शाही-स्नान
का पवित्र मुहूर्त यह
हमने ही निकाला है

हम ही मुग्ध
गले में रस्सी डाल
झूल रहे हैं वटवृक्ष की
लटकती जड़ों के बीच

हम ही ज़ालिम को ख़ुदा बनाकर
उसके आदेश पर दिए जलाकर
कर रहे हैं आत्मदाह

हत्यारों की पूजा का रिवाज
हमने ही शुरू किया है
हमने ख़ुशी-ख़ुशी चुनी है
कुत्ते की मौत,

फिर अपने सिर के घाव को
चाटने की अनिवार्य असफल जद्दोजहद क्यों?'

उसके अन्तिम शब्दों की पीड़ा की गूँज मिटने से पहले
वे खाने के पैकेट लूटने में लग गए थे।

वह चीख थी, चिल्लाहट थी,
शोर थी, झल्लाहट थी,
वह उनकी ही कविता थी बीच सड़क पर—
अब तार-तार,
अब भी अधूरी-सी।

उन्होने इस साल का महाचन्द्रमा
एक-दूसरे की भेड़िया-आँखों में देखा था,
वह रजत अवसाद था
और उनकी जीभ पर रोटी का नहीं
अपने ही ख़ून का स्वाद था।

वे अपनी ही हड्डियाँ चबा रहे थे,
ख़ुद को ज़िन्दा रखने की
ग़लीज़ दीनता के मातहत।

कि इसी बीच, उनके ही बीच से
समय की एक और अधूरी कविता
अपनी ही अवमानना के विरुद्ध
खड़ी हो गई तनकर
एक और चीख-पुकार बनकर

'ओ मेरे साथ जूझते
भविष्य के सृजनकर्ताओं
आओ, बेहतर दुनिया के ख़्वाब देखनेवालों,
हमारे युग के कवि-योद्धाओं,
अपनी सोच, अपना ज़मीर,
अपने शस्त्र सँभालो।

इस महाचन्द्रमा के डूबने से पहले
चलो छीन लाएँ,
इस धरती के आदमख़ोरों से
अपनी उम्मीद, अपना यक़ीन।

काम के बोझ तले दब चुकीं
हो चुकीं ख़रीद-फ़रोख़्त का शिकार
जो आत्माएँ,
उन्हें बाहर निकालें,
उनके रोग की दवा बनाएँ,
पूरी करें
अपने समय की अधूरी कविताएँ...'

2. जय-जय

तुम उनका नाम जपो दिन-रात,
तुम करो, जो उनके मन की बात,
उनकी ही सुनो, उनकी ही सुनाओ,
तुम अपनी बुद्धि बेच खाओ,
तुम करो मूर्खता का संचय,
उनकी भी जय-जय, तुम्हारी भी जय-जय।

वो गिने रोकड़ा, वो गिने माल,
तुम गिनो अपनी झाँट के बाल,
अपनी करनी पर रहो डटे,
यूँ उनके तुम्हारे दिन कटे,
श्रद्धामय, रसमय, सुखमय,
उनकी भी जय-जय, तुम्हारी भी जय-जय।

वो कहे तो मारो, कहे तो मर जाओ,
वो करे इशारा, तो तुम नाचो-गाओ,
जब वो मदारी बन जाए,
करे तमाशा, डुगडुगी बजाए,
तुम भी बन जाओ मर्कट महाशय,
उनकी भी जय-जय, तुम्हारी भी जय-जय।

तुम उन पर अपना तन-मन वारो,
सही-ग़लत क्या, नहीं विचारो,
ताक पर रख दो, ज्ञान-विज्ञान,
पुलिस के लट्‌ठ को मानो वरदान,
सूजे कूल्हों का क्या भय,
उनकी भी जय-जय, तुम्हारी भी जय-जय।

3. वो जहाँ अभी बना नहीं

जहाँ दिल पे वक़्त का बोझ ना हो,
उम्मीद जहाँ ज़मींदोज़ ना हो,
जहाँ साथ तुम्हारा रहे सदा,
जहाँ तन्हाई का ख़ौफ़ ना हो,
वो जहाँ अभी बना नहीं।

जहाँ चाँद खिले, तो जाँ खिले,
हर रंग के फूल जहाँ खिलें,
मन मारकर जीना ना हो,
हर दिल का हर अरमाँ खिले,
वो जहाँ अभी बना नहीं।

जहाँ सोचने पे ना सज़ा मिले,
जहाँ बोलने पे ना क़ज़ा मिले,
जहाँ इन्साँ इन्साँ से डरे नहीं,
जहाँ सबको सारा मज़ा मिले,
वो जहाँ अभी बना नहीं।

अभी तो चेहरे हैं ग़मगीं,
अभी तो है ख़ूँ-आलूदा ज़मीं,
हर आँख में है अभी नमी,
मेरे दिल अभी ना ठहर कहीं,
वो जहाँ अभी बना नहीं।

4. मेरे साथी

मेरे साथी, मेरी बात सुन,
मिट्टी के ख़्वाबों की तामीर
धरती की अदम्य उम्मीद
आनेवाले मौसम के ग़ुलाब
हम ही तो हैं।

ये रोग, ये नृशंसताएँ
ये हिंसा का नंगा नाच

ये क्रूरता का दौर लम्बा
हमारा इम्तिहान तो है
हमारी हार नहीं।

ये यातना, ये दर्द
ये घुटन, ये दुःख
ये अजनबीपन का समय
ये धन का घृणित राज
नहीं है अखंड।

अभी तो भविष्य के प्रेमाख्यान
अपने साहसी धीरोदात्त
नायक-नायिकाओं को जन्म दे रहे हैं
हमारी कश्मकश के बीच
देखो, रात ढल रही है।

समझी और नासमझी के बीच छत्तीस की छत्तीस कविताएँ

पहली कविता

सदियाँ बीत गईं
आईने टूट चुके
गुज़र चुके की
गुज़रते हुए
किरचें फ़िरती हैं
सवाल बनकर
आँखों में
इसी तारीख़ में एक पल
बहुत समय बाद
वही कवि
कविता लिखता है,
देश-काल के हाल-चाल
कि दिल की हलचल,
सच का जाना बदल-बदल
और माया के हिंसक छल,
ख़ुद को ना जाने किन कोड़ों की मार से बचाते हुए,
अपने ही नंगेपन को छुपाते हुए,
सुलाते हुए
अपनी ही सुबकती स्मृतियाँ,

दबाते हुए
अपनी ही अभिव्यक्तियाँ,
पचाते हुए
अपनी ही विरक्तियाँ,
अपनी ही हड्डियाँ
चबाते हुए,
अपने ईमान को ख़ौफ़ का कफ़न
ओढ़ाते हुए,
फिर जीवन की ऊँचाइयों से गिरते हुए,
ख़ुद को फिर उठाते हुए,
अकाल के पन्ने अँधेरे और उजले
उलटाते हुए, पलटाते हुए,
लेकिन कविता तो बदल-बदल जाती है,
कवियों के तबादले भी जल्दी-जल्दी होते हैं,
वह उसी जगह में जाना चाहता है
सब कुछ खोकर इसी वक़्त,
उसी अँधेरे में वैसे ही रोना चाहता है
माँ के चाँटे खाकर इसी वक़्त,
कवि फिर वही कवि होना चाहता है
अपनी पहली कविता-सा नंगा और रोता हुआ,
वह असम्भव को अनगिन बार सम्भव कर चुका है
जैसे वह जानता है, आसमान में कितने तारे हैं
और मनुष्यों के कितने पैटर्न,
वह कवि, वही कवि
रोज़ मलेनी और चम्बल पार करते हुए
हाइवे पर गड्ढों और जुड़ाई के बीच
अपनी तुड़ाई से बचता-बचता भी
मर चुका है,

उसकी लाश चालीस-चालीस मिनट के
चार काल-खंडों के लिए रोज़
ऑनलाइन दिखाई जाती है,
कि वह ज़िन्दा है,
ये चमकते बाज़ारों के चौकस ख़ूँख़ार रक्षक
ये चील के मूत के दरिया बहानेवाले
ये आत्म-मुग्ध विश्वास-घाती भयानक
हमें अहमक़ तो नहीं समझते,
कि वह जीने-मरने के फ़ितूर को काफ़ूर कर चुका है
कि बन चुका है अपने ही अलगाव की छवि,
वह कवि, वही कवि।

दूसरी कविता

क्या था, जिसे पाना था
किसी दफ़्तर की
सीढ़ियों पर पड़ी
अधजली बीड़ी
या किसी प्रिय का शव
पाने की हड़बड़ी।
क्या था, जिसे खोना था
अपने ही अन्त का भय
या अपना पराभव
कि संकट की बारहखड़ी।

तीसरी कविता

पृथ्वी डूबेगी
और तुम तैर जाओगे,

अभी शायद नहीं है
तुम्हारा परिचय
विद्युत-चुम्बकीय तरंगों से,
तुम्हारे अन्दर ही छुपा बैठा है
तुम्हारा प्रलय,
तभी तो नहीं निर्विचार
तभी तो नहीं निर्भय,
तभी तो सोचते हो
कि देश जल-जल राख हो जाएगा
और तुम चाँदी के ठंडे बस्ते में डाले रहोगे
अपना बदन,
देश तुमसे बाहर है क्या,
महज़ एक खोखलापन,
एक शब्द का कफ़न-दफ़न,
किसी जंगल में घायल एक अकेलापन,
मृत्यु की प्रतीक्षा का अनुरणन,
देश क्या किसी माँ की बद्दुआ है
या कोई सताई गई बहन,
किसी अफ़सर की टकसाल आँखों में
या किसी मंत्री की सम्भोग-इच्छाओं में
रहता है क्या देश,
बेइलाज बुझती आँखों का आख़िरी आँसू है क्या देश
अपने ही ख़िलाफ़ अपनी जंग है क्या देश
इन्सान को हैवान बनाती कोई मशीन है क्या देश
पृथ्वी और मनुष्यों को बाँटने का ढंग है क्या देश
या देश महज़ एक राजनैतिक साज़िश है
एक जुमला है, एक आवेश
या किसी मज़दूरन की फटी हुई एड़ी

किसी विरहिणी के बिखरे हुए केश,
कोई लूटी गई, जलाई गई
और फिर से बनाई गई खेड़ी
या महबूब की तरफ़ बढ़ाया गया मधुकामिनी का फूल
किसी ज़ख़्म पर रखा गया मरहम
तोड़ी गई कोई बेड़ी
सुधारी गई कोई भूल
देश तुमसे बाहर है क्या!

चौथी कविता

सोलह से
छत्तीस में जाती
मेरी ही बेवक़ूफ़ियों और आलसीपन
और अपनी चमड़ी बचाती
चालाकियों के कारण,
दो लोकों में
रुका पड़ा है परिवर्तन,
एक तरफ़ ओज़ोन-परत छिदती जाती है,
एक तरफ़ ख़त्म होती है ऑक्सीजन
और मेरी चीख तुम्हारी तरफ़ हाथ बढ़ाती है
अभिनन्दन, प्रिय क्रन्दन!

पाँचवीं कविता

मैं अपनी ही इच्छाओं के जीवाश्मों की
उम्र पता करने में व्यस्त हूँ,
जेब के खालीपन की तरह
दिल के खालीपन से त्रस्त हूँ,

अपने ही ज़िन्दा होने की झूठी ख़बर हूँ,
मैं अपनी ही भूलों का अजायबघर हूँ,
मेरे सामने सूरज एक कण भी तो नहीं
और मैं दोपहर का कर पाऊँगा भोजन
इस सम्भावना का एक क्षण भी तो नहीं,
गुत्थम-गुत्थी एहसासों की, मैं पस्त हूँ
मुर्दापरस्तों का ज़िन्दा एक शहर हूँ,
किसी ग़ज़ल की गड़बड़ाई बहर हूँ,
जहाँ लोग शहीद हुआ करते हैं
ये वो रण भी तो नहीं।

छठवीं कविता

बड़ा आदिम था जीवन
बेलिस्टिक मिसाइलों की छाँव में भी,
शहरों की गलियों में आवारा घूमते कुत्ते
अपने पूर्वजों की असफल नक़ल करते थे,
जब चाँद उन्हें खींचता था।
एक बुढ़िया अपने निरर्थक टोटकों पर रोती थी,
तारों को बुझता देखकर।
हम सब एक बार खुलकर हँसने के लिए
किसी के फिसलने का इन्तज़ार कर रहे थे
घास पर ओस जमी देखकर
और ना जाने किसकी मौत का इन्तज़ार कर रहा था—अन्तरिक्ष।

सातवीं कविता

मेरी हरकतों का शिकार
मेरा अतीत, मेरा भविष्य

मेरे वर्तमान से अभिन्न,
सड़क पर कुचलाए कोबरा की तरह
बिल से निकलना था आज ही के दिन
केंचुली उतारने के लिए
एक छोटी कविता की
सबसे लम्बी पंक्ति होने के लिए
सबसे अधिक मनुष्य होना था
रात भर रोना था
एक घायल बुलबुल के स्वर में,
जिसे निगल गया था एक ज़हरीला काहिल
इस भरी दोपहर में
अपने घर तक जाने के लिए
सड़क पर आने से
बीस मिनट पहले।

आठवीं कविता

साधो, एक मछली चढ़ सकती है पेड़ पर
और ज़मीन पर उतर
चल सकती है सीना ठोककर,
बना सकती है हथौड़ा, तलवार, मोबाइल, बंकर।
मछली बन सकता है
सिर्फ़ पानी होने का एहसास भी।

नौवीं कविता

अच्छे खासे मूड को जलाकर राख कर सकता है
मेरा मित्र,

शरद की चाँदनी में वह बात कर सकता है
पीड़ा भरी अँधेरी आँतों की
इतिहास की त्रासदियों की
अपने अज़ीज़ों की घातों की
महानों की मूर्खताओं की
अपनी किसी दु:खती रग को खोल सकता है
वह चाँद को चमकता चूतड़ बोल सकता है।

दसवीं कविता

इस वर्ग-विभाजित पवित्र महा-आख्यान का
सबसे लिजलिजा चरित्र
कोई और नहीं,
सबसे घटिया घटना
हूँ मैं ही,
इस अनन्त नीले आकाश के नीचे
असंख्य लोगों द्वारा अंजाम दी गई।

ग्यारहवीं कविता

महात्माओं की आत्माओं को भी
बना चुकी है अपने ही
मल-मूत्र का दलदल,
दमड़ी की दमक
चमड़ी की चमक
सत्ता की सनक,
तो तुम क्या हो जी,
कविता काटते कीड़े केवल।

बारहवीं कविता

पीड़ा भरा पछतावा पीठ पर उठाए
सीने से सटाए मृत भविष्य
चेहरे पर अँधेरी ठंडक पोते
मैं ही भटक रहा हूँ
जीवन के कूड़े-कर्कट में
अपना रात का भोजन खोजते
सुबकते, थर्राते, दाँत पीसते, रोते...
लेकिन आज मैं नहीं लौटूँगा
इस तरह तुम्हारी गोद में ओ माँ,
आज मैं गर्म और सुगन्धित
अपनी कविता छीन लाऊँगा,
इन्सानियत और ईमानदारी के तुम्हारे दोहे
मेहनत करते जाने के तुम्हारे भजन
मैं अब नहीं गुनगुनाऊँगा,
मुझे माफ़ करना ओ माता,
लेकिन अब नहीं होगा मेरी दुनिया का
मेरे सिवा कोई और विधाता।

तेरहवीं कविता

कई आए, कई चले गए
दर्द से चीखते, मेरा नाम पुकारते,
संशय और निश्चय के बीच
मैं खड़ा रहा नीच,
अपनी ही कीमत सुधारते
बाज़ार खोजता नये-नये।

चौदहवीं कविता

मैं गिरना नहीं चाहता
हज़ारों आशंकाओं के इस ज़हरीले गटर में,
मेरे पैर
मेरे पेट में चाहते हैं
कुछ दाने अन्न के,
और इस शहर के बेहिस उजाले में
अँधेरे की बात करना मना है,
क्या विडम्बना है!

पन्द्रहवीं कविता

मैं इसी तारीख़ में बँधा
इसी दिन में आज़ाद
निराशा की बदरंग दीवार पर
सोच-दर-सोच मूतकर
बनाता हूँ आशाओं के नक़्शे
सुन्दर, अतिशय सुन्दर!

सोलहवीं कविता

आँखें चौंधिया गई हैं
और दिल हैरान खड़ा है
सामानों की दुनिया में
जैसे एक सामान और,
जैसे बिना एक बूँद बहाए लहू की
ख़ुद को समाप्त करने की

ख़ुद पर ही की गई
क्रूरतम दया हूँ
बहरतौर,
करोड़ों वासनाओं के दाँत
मेरे गले से उभर आए हैं,
शुद्ध मानवभक्षी डाइनासोर
मैं ही बन गया हूँ।

सत्रहवीं कविता

अबे घनचक्कर
बुद्धि के अजीरण!
क्यों अपनी ही ऐसी की तैसी करवाने पर
तुला हुआ है,
अपनी ही हक़ीक़त भूला हुआ है,
रात-दिन ख़ुद को कोसना,
अपने ही पतन की घोषणा,
ये सब क्या है!
सादगी है मूर्खता,
करुणा दुःख का कारण।
आदर्श है बस धूर्तता,
जुगाड़ सच्चा जागरण।
सुन, समझ,
क्यों आग से खेल रहा है,
दुःख पर दुःख झेल रहा है।
भूख से मरना चाहता है,
आख़िर, तू क्या करना चाहता है।

—'कविता।'—

कविता, कूढ़मगज़,
इसी चक्कर में तो तू बार-बार छला गया है,
इतना कहकर, वह चला गया है।

अट्ठारहवीं कविता

सच में,
कितनी बार अपने ही अन्दर रहने का नया बहाना ढूँढ़कर
ख़ुद को सही समय आने के इन्तज़ार में बीमार बताकर
तुम ज़िन्दा बच गए हो,
ख़ुद से पूछो तो,
भय और भी हैं,
मृत्यु से भी भयंकर,
जैसे बस जीते चले जाना बिना किसी कविता के,
किसी चाहत के बिना
जैसे जीना,
जैसे जीना
अपनी ही सृजन-शक्ति को बेचकर।

उन्नीसवीं कविता

क्या तुमको नहीं दिखती
रोटी और बुलेट के बीच खड़ी
अपनी तनी हुई मुट्ठी में
अपना चमकता ज़मीर भींचे
एक लड़की की अभिमान भरी मुस्कान,

क्या नहीं दिखता
हेमन्त की धूप में ख़ून टपकाता आसमान।

बीसवीं कविता

ज़िन्दगी के बेलिबास हुस्न से,
ख़ुद की आज़ादी के सुख से,
डरो मत, ना मौत से, ना भूख से।

इक्कीसवीं कविता

हम सबके बाद भी
बची रहेंगी
अनन्त ब्रह्मांडों में गूँजती
अमानवीय ध्वनियाँ,
नई संज्ञाओं, नई क्रियाओं
को जन्म देती हुईं।

बाईसवीं कविता

क्या होगा, क्या होगा की
तुमसे भयानक कल्पनाएँ
बकचोद नेताओं और
अफ़ीमची मतदाताओं ने कर ली हैं,
तुम्हें तो बस
अंडे में घबराते चूज़े को देखना है—बग़ौर।

तेईसवीं कविता

इससे पहले कि हो जाए शाम,
सोचना शुरू कर दो,
इस शहर में आधी रात को
मसीहाओं का फ़ेरा होता है,
टूटे दिल जोड़े जाते हैं
और नहीं लगता कोई दाम।

चौबीसवीं कविता

इसी एक तारीख़ में
तुम्हारे सारे पछतावे बन्द हैं,
इसी एक तारीख़ में
सारी सम्भावनाएँ,
एक बार और सोच लो,
क्या तुम सचमुच
इस फैलते आकाश और इस रोते हुए शिशु से
प्यार करते हो!

पच्चीसवीं कविता

मेरी ही संभ्रान्तियों से कुचले हुए मेरे पूर्वज,
मेरी ही अव्यवस्था से दबे हुए मेरे पश्चज
और फिर एक मेरा पिसता हुआ दिल,
मेरे सामने बढ़ा देते हैं सहज
सवालों के सिर पर खड़ी
शम्अ-ए-महफ़िल।

छब्बीसवीं कविता

एक मरी हुई मक्खी का
तुम क्या कर सकते हो,
तुम्हारी सभ्यता में नहीं है
उसे नहला-धुलाकर विदा करना।

सत्ताइसवीं कविता

इस लहूलुहान सड़क पर
अपनी आख़िरी चीख से
तुम तोड़ना चाहते हो
आसमान की उदासीनता,
कितनी हसीन है तुम्हारी इच्छा,
तुम कवि हो क्या!

अठाईसवीं कविता

मैं तुम्हें ना फँसने का
और ज़ोर से हँसने का
एक मौक़ा और देकर,
छीन लूँगा
अपनी कविता,
समझे, मेरे ईश्वर!

उन्तीसवीं कविता

बार-बार युद्ध टालना
बुज़दिली का सबूत है,

जबकि तुम जानते हो
तुम्हारा दिल कैसे तोड़ा गया है
कैसे भेदा गया है तुम्हारा ज़मीर
तुम्हारी आत्मा को कैसे जलाया गया है,
तुम्हें ख़रीदने-बेचने का सामान
कैसे बनाया गया है!
तुम्हें सब पता है,
तुम किसी मछली के पेट में बन्द
सोने की अँगूठी तो हो नहीं।

तीसवीं कविता

मेरे बदन से झरते समय को
तुमने भींच लिया था जबरन
उस जलते पुलिस-थाने के सामने
और हमने बेशब्द बेजतन
एक बार फिर किया था
एक दूसरे की ज़बान का शुद्धिकरण।

इकत्तीसवीं कविता

कविता संकल्प है
पूँजी के सच का विकल्प है
और बिकती है बाज़ार में
कैसी लेन-देन है
कैसा कायाकल्प है,
कैसा चक्रान्त है
कैसा दुःखान्त है

शरीर छिलता एकान्त है,
छल-छद्म अझेल है
कैसा ये फ़ेल है
ख़तरों का खेल है
और कवि खेलता जाता है,
कविता चुनौती है
मजनुओं का काम है
और कवि जोखिम उठाता है,
कवि कितने भी हों इस धरती पर
इकत्तीस दिनों और इकत्तीस रातों में
ख़त्म हो जाता है अक्तूबर,
तनख़ाह हमेशा नहीं मिलती,
पर बन्दा ख़ुश है मिस्टर,
हर रोज़ किसी ना किसी ख़ुदा को मार गिराता है,
बाज़ार में खड़ा, बाज़ार के ख़िलाफ़ चिल्लाता है,
घात खाता है, घात लगाता है, घात करता जाता है।

बत्तीसवीं कविता

सुनो सरह,
मेरे चीखने की कर रही है आस
मेरी आख़री साँस,
मेरी पहली कविता की तरह।

तैंतीसवीं कविता

जब सारे समुन्दर भाप बनकर
उड़ रहे होंगे...

चिन्ता मत करो हे नाथ,
उससे बहुत पहले
आपका नशा उड़ चुका होगा,
आपकी आत्मा
और आपके परमात्मा के साथ।

चौंतीसवीं कविता

मैं भी तुम्हारे इस खेल में शामिल हूँ,
लेकिन मेरे मन की उलझनों में...
अभेद जंगलों की किसी पगडंडी पर
किसी झोंपड़ीनुमा घर के बाहर
किसी नक़ाबपोश पैग़म्बर
के गूँजते हैं मन्तर
निरन्तर...
मैं कभी भी तुम्हारा खेल बिगाड़ सकता हूँ,
आख़िर मैं एक टूटता हुआ दिल हूँ,
उठती हुई चीख हूँ, बुझती हुई धड़कनों में।

पैंतीसवीं कविता

मैं नहीं कहता कि मेरी बातें सुनकर
तुम हँसोगी जी भर,
पर नाराज़ भी मत होना,
तुम्हारे सिवा मेरा है कौन,
जिसे दिखा सकूँ दिल का हर कोना
अँधेरा और उजला, चीखता और मौन।

छत्तीसवीं कविता

सब कुछ दिखता था...
एक एक बूँद,
एक एक बिजली,
एक एक घूमता बादल।
तरंगों में भागती थीं छवियाँ...
मनुष्य होने का समय भींचता था,
हर पहर, हर पल
इस पृथ्वी पर, इस शरीर में
हर धड़कन का दाम तय था।
सब ब्रह्मांड बन चुके थे कारख़ाने...
मैं ही कच्चा माल था और मशीन,
मैं ही ख़ुद को बनाता और बेचता था,
बिकता था हर एहसास, हर कल्पना बिकती थी,
एक अदृश्य मंडी थी प्रकट होती हुई
दिल की दिल से टूटन पर,
ख़ुद के ख़ुद से अजनबीपन पर,
जहाँ हर आस्था नीलाम होती थी...
और मैं देखता था
कि कलियाँ खिलती थीं मज़लूमों के प्रतिशोधी नारों की तरह
और कविता के अन्त की हर साज़िश नाकाम होती थी।

सब कुछ दिखता था...
कई संगतें, कई तन्हाइयाँ,
कई सुकून, कई अशान्तियाँ,
कई शहादतें और धोखाधड़ियाँ,
कई पहेलियाँ और उलटबाँसियाँ...

और मैं देखता था सब कुछ
सब कुछ छत्तीस का...
ज्ञान और भ्रान्तियाँ,
विद्रोह और क्रान्तियाँ...
हज़ारों चुप्पियों के बीच किसी एक की ललकार...
सिर्फ़ और सिर्फ़ मुझे मारने के लिए अरबों तरह के हथियार,
आँकड़े और अक़्ल,
मैं देखता था
जीवन के निषिद्ध क्षेत्रों में अपनी दख़ल...
अपनी याद के अन्तिम सिरे तक
बेड़ियों और पिंजरे का प्रतिकार...
इस अमावसी रात के अरण्य-एकान्त में,
हर आहट से सतर्क,
बुझता हर फ़र्क़,
मैं हर पल हमला करने को तैयार...

सब कुछ दिखता था...
सम्भावनाओं की प्यासी पुकार
और आसमान में पड़ते भँवर,
अपने आस-पास और अपने अन्दर
संक्रमण-काल से गुज़रते
जंगल, पहाड़, मैदान, मरुथल, समन्दर
घर, गाँव, नगर और विश्व-नगर।
नई से नई होती गतिविधियाँ,
नये से नये होते विचार।
उस पार और इस पार
विस्तार पाता चीत्कार
और प्रतिषेध का संसार

और मैं देखता था,
अरबों बुद्धियाँ, अरबों ग़लतियाँ
सुखी जीवन के अरबों आसार,
अरबों आकाशगंगाएँ, एक पृथ्वी
एक मिलन की आदिम सिहरन
इलेक्ट्रॉनिक ध्वनियों पर लगातार।

सब कुछ दिखता था...
भरती हुई दूरियाँ
और बढ़ती हुई तकरार,
किसी सोए ज्वालामुखी की टूटती हुई नींद,
मृत्यु के मृत्यु-भोज में कविता
और चाँदनी रात में पठार।
सब कुछ। सार, रूप, अभिसार।
और तब भी बहुत कुछ देखना बाकी था,
बहुत कुछ, जो मैं देखना नहीं चाहता था,
बहुत कुछ, जो मैं चाहता था देखना, अभी बाकी था प्रकट होना,
अभी बहुत कुछ अभिव्यक्त होना बाकी था।
आमने और सामने के बीच रखे कई आईने, अभी टूटने थे।
और मैं सोचता जाता था,
चलता जाता था, देखता जाता था,
सुनता जाता था, बोलता जाता था...
इस पृथ्वी के बदन पर लगे
अन्तिम घाव के भरने तक
मुझे रहना था अपलक
चमचमाते सिक्कों के बेधड़क
अजनबी हिंसक पशुओं की ताक में लगी एकटक
आँखों को देखते हुए,

जागते हुए, सोचते हुए,
अपने आस-पास घिरती आती
अँधेरे की दीवारें भयानक
नोचते हुए...

धूप में चलते हुए विचार

1

अभी मुझ पर नहीं मेरा क़ाबू
नहीं, ये नहीं कोई इश्क़ का जादू
काम की तलाश है और भूख है
चमकती ज़िन्दगी है और दुःख है
फिसलता है हाथों से सब कुछ
हर जद्दोजहद के बावजूद।
मैं बस की खिड़की के पार देखता हूँ
पसीने में तरबतर, चल रही है लू
अभी मुझ पर नहीं मेरा क़ाबू

2

वे किताबें ही तो नहीं थीं केवल
वे चलते-फ़िरते, सोचते-समझते इन्सान थे
वे कहते थे सबके साथ अकेले रहने के मज़े
वे हुस्न की ख़ातिर जान से गुज़र गए।
वे सच कहते थे और खुलेआम कहते थे
वे सताए जाते थे और ज़िल्लत झेलते थे
वे किताबें ही तो नहीं थीं केवल

3

निर्भ्रांता धीरे से मेरे कानों में कहती है—
मैंने उसे देखा है बबूल के
पेड़ के नीचे लेटे हुए
उसकी नींद बहुत छोटी थी
चींटी जितनी छोटी-सी
उसकी आँखें देख लेती थीं
अँधेरे में भी रस्ते
उसके कान सुन लेते थे
सात समन्दर पार की चीखें
उसे चाँद देखना और बातें करना
बहुत भाता था
उसे ज्वार की रोटी ख़ूब पसन्द थी
पेट भर खाता था
फिर झींगुरों और मक्खियों के बीच
ले लेता था अपनी चींटी नींद
मैंने उसे देखा है बबूल के
पेड़ के नीचे, आख़िरी साँस लेते हुए—
अपने बदन में रखे
सरकारी कारतूस—
क्षत-विक्षत।

4

दिन एक लम्बाई है मेरे लिए
मुझे शाम को सूझते हैं काम
ख़यालों का कोलाहल सुनता हूँ

अफ़वाहों का धुआँ सूँघता हूँ
तेज़ अपने मन में बहुत तेज़
भागते, उलझते, गिरते लोग
बेयक़ीनी ओढ़े बैठे हैं।
बस-स्टॉप एक खालीपन है
बाहर भीतर होता हुआ
मन के और शहर के
ऑटो वाला पसीना पोंछता
मुझसे कहता है
दिन एक लम्बाई है मेरे लिए
मुझे शाम को सूझते हैं काम

5

मैं गाह-ब-गाह
उसकी ख़्वाबगाह में पहुँचता हूँ
मुहिम-दर-मुहिम
उसकी ज़िन्दगी
वह एक लम्बी तदबीर का हिस्सा है
हिम्मत का ज़िन्दा क़िस्सा है
मैं गाह-ब-गाह
उसकी ख़ाबगाह में पहुँचता हूँ

6

किसी ने मुझे इस सुनसान में
लाकर, पत्थर बना दिया है
मेरी आती यादों पर

मेरे आते अहसासों पर
बन्दिश है, भारी लोहे की
मुझे माज़ी में क़ैद करने की
साज़िश है, किसी अपने की
किसी ने मुझे इस सुनसान में
लाकर, पत्थर बना दिया है

7

अच्छा चलो तुम्हें यक़ीन तो आया
मैंने तुमसे झूठ नहीं कहा था
आधी रात उठकर भी
दुधमुँहे बच्चे रोते हैं
माँ छाती में दूध टटोलती है
रोती है
अच्छी नहीं लगती सुबह
जब यूँ होती है
अच्छा चलो तुम्हें यक़ीन तो आया

8

वियोग संयोग के फेरे में हम थे
मैंने तब दोना बनाया था
उसने मुझे मुस्कुराकर
पानी पिलाया था
मैं जलती धूप में
चलता-चला आया था

उसने बारिश की बात की थी
मैंने उसे तूफ़ान के बारे में बताया था
उसकी आँखों में प्रेम और विश्वास था
मेरी आँखों में ठंडक और राहत
वियोग संयोग के फेरे में हम थे

9

मैं कहता हूँ क्या बदल गया है
वही दु:ख है, शोषण है, लाचारी है
वही दुनिया है, लोग हैं, मारा-मारी है
पर तेरी ये बात ठीक लगी
कि मैं भी नया हूँ, तू भी नया है
नये बदन पर टाइप होता दु:ख-सुख का क़िस्सा है
वरना दिल-दिमाग़ तो लम्बी जंग का हिस्सा है
वरना तो वही ज़ुल्म का पर्दा दया है

10

वह चौराहे पर चीख रही थी—
हम बेमक़सद ज़िन्दगी नहीं काटेंगे,
ज़ुल्म, बेइज़्ज़ती का बदला लेंगे।
हम जानवरों की तरह नहीं जिएँगे,
जैसे जीते आए हैं, नहीं जिएँगे।
हम मशीनों की तरह नहीं जिएँगे,
जैसे जीते आए हैं, नहीं जिएँगे।
वह चौराहे पर चीख रही थी।

11

लोग कर रहे हैं बातें,
मैं अकेले ही सोचते-चलते
बहुत दूर निकल आया
तब मैंने पाया
कि मैं एक कारवाँ के बीच हूँ
हर पहचान टूटती है,
सब पहचाने लगते हैं,
कोई नहीं रहनुमा, जहाँ
सब राह जाने लगते हैं,
ख़ुद से रवाँ-दवाँ,
पानी कहाँ गया?
जंगल गए कहाँ?
बस, दिन हैं...बस, रातें...
बस, सोचना...बस, चलना...
कब-कब टूटे निज़ाम ज़ुल्म के?
इन्सान सामान कैसे बना?
कैसा है ये दु:खान्त?
कैसी है विडम्बना?
लोग कर रहे हैं बातें।

12

धूप बहुत तेज़ है
मंज़िल बहुत पास लगती है
आस बढ़ती है
आग-सी प्यास लगती है

पर कोई रुकना नहीं चाहता
कि, ठंडी हवा चलती है,
सब जैसे साँस लेते हैं, मुस्कुराते हैं
हँसते हुए कुछ आसमान तकते हैं
पर ये किस धातु के इन्सान हैं
ना रुकते हैं, ना थकते हैं।
बारिश की खोज में
बस, चलते हैं, चलते हैं।
ये कैसी परिस्थिति, कैसी मनःस्थिति,
कैसा सूखा, कैसी प्यास, कैसे लोग,
मैं ठसाठस भरी बस में, पसीने में,
दिन के सपने में, जेठ के महीने में,
धरती तपती है,
धूप बहुत तेज़ है,
मंज़िल बहुत पास लगती है...